진리,
Truth,

신학,
Theology,

관점
and Perspective

Truth, Theology, and Perspective: An Approach to Understanding Biblical Doctrine
by Vern S. Poythress

Copyright ⓒ 2022 by Vern S. Poythress
Published by Crossway, a publishing ministry of Good News Publishers
Wheaton, Illinois 60187, U.S.A.

This Korean edition copyright ⓒ 2024 by Word of Life Press, Seoul, Republic of Korea.
Published by arrangement with Crossway through rMaeng2, Seoul, Republic of Korea.
All rights reserved.

이 한국어판의 저작권은 알맹2를 통하여 Crossway와 독점 계약한 생명의말씀사에 있습니다.
신저작권법에 의하여 한국 내에서 보호받는 저작물이므로 무단전재와 무단복제를 금합니다.

진리, 신학, 관점

ⓒ 생명의말씀사 2024

2024년 4월 19일 1판 1쇄 발행

펴낸이 | 김창영
펴낸곳 | 생명의말씀사

등록 | 1962. 1. 10. No.300-1962-1
주소 | 서울시 종로구 경희궁1길 6 (03176)
전화 | 02)738-6555(본사) · 02)3159-7979(영업)
팩스 | 02)739-3824(본사) · 080-022-8585(영업)

기획편집 | 박경순
디자인 | 조현진
인쇄 | 영진문원
제본 | 다온바인텍

ISBN 978-89-04-02103-1 (03230)

저작권자의 허락 없이 이 책의 일부 또는 전체를
무단 복제, 전재, 발췌하면 저작권법에 의해 처벌을 받습니다.

진리,
Truth,

신학,
Theology,

관점
and Perspective

번 S. 포이트레스 지음
김태곤 옮김

🖋생명의말씀사

추천의 말

번이 이 책의 헌정란에 내 이름을 표기한 것은 내게 크나큰 영광이다. 이 책은 하나님의 말씀을 개별 진리들의 집합체가 아니라 복음의 각 요소를 다른 요소들에 대한 '관점'으로 볼 수 있는 유기체로 이해하도록 돕는다. 복음은 언제나 그랬던 것처럼 친숙한 메시지이지만, 번의 강해로 접하는 복음은 우리에게 더 큰 놀라움과 경이로움, 우리의 삶을 위한 풍성한 적용을 제공한다.

존 M. 프레임(John M. Frame)
리폼드 신학교 조직신학 교수, 철학 명예교수

만일 누군가가 자신이 사랑하는 어떤 분야의 장인으로서 자신을 매료시킨 것을 알려 주는 것을 보길 원한다면, 당신은 이 책을 좋아할 것이다. 번 포이트레스는 진리라는 주제를 정성스레 숙고한 다음, 모든 이가 쉽게 다가올 수 있도록 단순하게 그 아름다움과 깊이를 설명한다. 이 책은 지적으로 풍성하고 영적으로 교훈적이며, 우리가 결코 생각지 못했던 관점으로 성경의 핵심 진리를 제시한다!

마커스 A. 마이닝어(Marcus A. Mininger)
미드아메리카 리폼드 신학교 신약학 교수
Uncovering the Theme of Revelation in Romans 1:16-3:26 저자

이 책은 번 포이트레스 특유의 간명함과 통찰로 쓰였다. 성경의 주요 교리를 '진리성'(truthfulness) 주제에서 고찰해, 교리와 그 안에 내재한 조화를 교훈적으로 제시한다.

리처드 B. 개핀(Richard B. Gaffin Jr.)
웨스트민스터 신학교 성경신학 및 조직신학 명예교수
In the Fullness of Time 저자

"진리는 하나님이 아시는 것이다." 번 포이트레스는 하나님 중심으로 진리를 정의하고, 조직신학의 모든 주요 교리와 세상의 모든 사건이 진리와의 관계에서 고찰될 때 어떻게 더 깊이 이해될 수 있는지를 설명한다. 이 같은 '진리 관점'(truth perspective)은 존재하는 모든 것과 진리의 관계를 다양하고 신선하게 통찰할 수 있도록 인도한다. 포이트레스는 성경에 충실하려고 늘 주의하면서도 창조적으로 사고하는 특출난 역량을 다시금 보여 준다.

웨인 그루뎀(Wayne Grudem)
피닉스 신학교 신학 및 성경학 연구교수

차 례

머리말 관점으로서의 진리 •10

1부 / 신론

1장 하나님의 존재 •16
2장 하나님의 속성 •29
3장 삼위일체 •39
4장 하나님의 계획 •49
5장 창조 •61
6장 섭리와 기적 •69
7장 계시 •76

2부 / 인간론

8장 인간의 기원과 특성 •84
9장 원시 언약 •92
10장 타락 •102
11장 자유로운 행위자 •109

3부 / 구속

12장 그리스도의 위격 •126
13장 선지자와 왕과 제사장이신 그리스도 •133
14장 그리스도의 속죄 사역 •138
15장 이미 그러나 아직 •147

4부 / 구속의 적용

16장 구원을 주도하시는 하나님 •156
17장 칭의와 성화 •161
18장 교회 •168
19장 완성 •172

결론 •176
주 •178

관점에 대해 가르쳐 준
존 프레임에게

머리말

관점으로서의 진리

이 책에서는 성경의 가르침의 풍성함을 드러내는 하나의 관점으로서 **진리**를 활용한다. 이것이 유일하게 가능한 출발점은 아니지만 하나의 출발점이 된다.

이 책의 목표

우리가 무엇을 하고자 하는지 조금 설명하려 한다. 우리는 탁월한 조직신학 책들이 이미 다루고 있는 성경의 가르침이나 주요 교리에 무엇을 첨가하려 하지 않는다. 각 주제에 대한 많은 성경 구절을 개관한 다음 그 구절들에 근거한 광범위한 논거를 개발해 성경의 가르침을 확립하는 데 초점을 맞추지도 않을 것이다. 그보다는 성경 자체에서, 여러 구절에서 이미 발견된 것을 반복할 것이다. 아울러 조직신학 참고서들에서 발견된 것도 반복할 것이다. 새로운 것이 있다면, 이 모든 가르침에 대한 주요 관점으로 진리라는 주제를 활용한다는 것이다.

진리를 하나의 관점으로 활용함으로써, 성경의 가르침의 아름다움과 그 가르침의 내적 조화를 더욱 깊이 인식하도록 독자를 도우려 한다. '하나님은 참되시다', '성경은 참되다'와 같은 교리의 한 측면은, 교리의 모든 다른 측면과 조화를 이룬다.

출발점이 되는 가정

시작하면서 두 가지 확신을 분명히 지녀야 한다.

첫째, 성경 자체가 하나님의 말씀임을 성경을 통해 확신해야 한다. 성경이 단언하는 모든 것은 하나님 자신의 신뢰성 및 진실성과 함께 참되며 신뢰될 만하다. 따라서 우리는 성경이 다루는 문제의 진실을 알기 위해 성경을 확고한 출처로 삼는다.[1]

둘째, 이 책 안의 성경 해설은 개혁주의 신조들[2]에 요약된 이른바 개혁주의 신학과 조화를 이룬다. 이 책은 몇 가지 중요한 점에서 이견을 보이는 다른 신학 흐름들보다는 개혁주의 흐름의 신학을 제시한다. 이 책의 목표에 따라, 우리는 이견이 아니라 성경의 가르침에 대한 긍정적인 설명에 초점을 맞출 것이다.

관점 활용

성경의 가르침을 논의할 때 우리는 **관점**, 곧 진리 주제에서 시작하는 관점을 활용할 것이다. 이 같은 관점 활용은 포스트모던 상대주의에서 이따금 발견되는 개념들과는 전혀 다르다. 상대주의는 보편적 진리에 도달하는 우리의 능력에 회의적이다. 그러나 하나님은 진리를 말씀하시고 알려 주시므로, 그리스도교 신자는 회의론과 상대주의를 배격해야 한다.

하나님은 참되시고 그 자신에게 참되시다. 하나님은 자신의 말씀인 성경에서 진리를 말씀하신다. 하나님은 자신이 만드신 것들 가운데서 자신이 누구인지를 드러내신다(롬 1:18-23). 그가 성령을 보내어 우리의 마음을 새롭게 하시므로 우리는 진리를 알 수 있다(엡 1:17-18). 하나님에 대한 이 진실들은, 우리가 성경을 읽으면서 알게 되는 내용을 확신할 확고한 근거가 있음을 시사한다.[3] 물론 신자는 교리의 어떤 부분을 여전히 잘못 이해할 수 있다. 성경의 존재와 성령의 은사가 우리를 무오하게 하지는 않는다. 하지만 성경의 핵심 가르침에 대해서라면, 우리는 진리를 확실하게 이해할 수 있다. 성경의 핵심 가르침은 명료하며, 하나님은 성령을 보내셔서 그에게 속한 자들의 마음에서 장애물을 제거하신다.[4]

이 정도 설명을 했다면, 이제 시작할 준비가 되었다.

1부

/

신론

1장

하나님의 존재

하나님은 존재하시는가? 성경은 하나님이 존재하신다고 말한다(창세기 1장과 다른 많은 구절). 피조 세계는 그가 존재하심을 증언한다(롬 1:18-23; 시 19:1-6). 심지어 믿지 않는 자들도 하나님을 알지만(롬 1:21) 이 지식을 억제한다(롬 1:18). 성경에 나오는 기적과 예언이 그의 존재를 확언한다. 또한 우리는 진리 주제에서 시작해 하나님의 존재를 확인하는 접근법도 생각해 볼 수 있다.

진리가 무엇인가? 진리는 하나님이 아시는 것이다.[1] 진리와 하나님 간에는 밀접한 연관이 있다. 따라서 진리 개념을 검토하면 사실상 참되신 하나님, 모든 진리를 아시는 분의 존재를 확인하게 된다.

진리는 존재한다

진리가 존재하지 않는다는 주장에 대해 생각해 보자. 이것은 특이한 주장이지만, 일부 포스트모더니스트와 회의론자와 신비주의자 들에게서 이런 주장을 들을 수 있다.

그러나 만일 진리가 존재하지 않는다면, 진리가 존재하지 않는다는 것이 참이다. 그러면 **참인 것**이 있는 것이다. 따라서 진리가 존재하지 않는다는 가정은 자멸적이다.

진리는 존재한다. 진리가 존재함을 믿지 않는 것은 자멸적이다.

진리의 속성

진리의 구체적 사례인 2+2=4를 생각해 보자. 이것은 우주의 모든 곳에서 참이다. 항상 참이다. 이 진리는 시간이 경과함에 따라 변하지 않는다.[2] 진리는 세 가지 핵심 속성, 즉 편재성(omnipresence, 어디에나 존재함), 영원성(everlastingness, 항상), 불변성(unchangeability, 불역성)을 지닌다. 불변성은 단순히 변하지 않음보다 더 강한 개념이다. 진리가 변하지 않음만이 아니라 변할 **수 없음**을 말한다. 진리의 이 세 가지 특징은 하나님의 속성이다. 하나님은 편재하시고, 영원하시고, 불변하시다(표 1.1을 보라).

표 1.1 하나님의 속성과 진리의 속성

하나님의 속성	진리의 속성
편재성	편재성
영원성	영원성
불변성	불변성

영원한 진리

우리는 영원성을 더욱 정밀한 관점에서 생각해 볼 수 있다. 하나님은 시간에 예속되거나 시간에 얽매이지 않으신다. 그는 시간을 초월하신다. 따라서 우리는 그가 **영원하시다**고 말할 수 있다.[3] 새 하늘과 새 땅은 그리스도 안에서 구속받은 자들과 함께 무한한 미래 속에 존재하며, 이는 새 하늘과 새 땅이 **영원함**을 뜻한다. 하지만 그것들은 여전히 시간에 예속된다. 하나님은 다르시다. 그는 시간을 초월하시고, 영원하시다. 덧붙이자면, 2+2=4라는 진리도 다른 것 같다. 이것은 하나님이 명시하신다. 따라서 이것은 시간의 경과로 인한 변화에 예속되지 않는다.

특정 시간 속의 진리

어떤 면에서 2+2=4와 같은 수학적 진리는 특별하다. 왜냐하면 수학적 진리는 시간의 특정한 순간에 국한되지 않기 때문이다. 예를 들어 '예수 그리스도께서 본디오 빌라도에 의해 고난을 당하셨다'[4]는 특정 시간 속의 진리를 생각해 보자. '본디오 빌라도'라는 이름은 때가 1세기임을 알려 준다. 본디오 빌라도가 통치했던 '예루살렘 지역'이라는 지리적 배경도 시사한다. '고난을 당하셨다'는 서술어의 과거 시제는 그 사건이 일어난 때가 현재 우리가 사는 때에 앞섰음을 나타낸다.

우리는 예수 그리스도의 고난의 진리가 '영원한' 진리가 아니라 **특정 시간 속의** 진리, 구체적인 사건의 진리라고 말할 수 있다. 하지만 그 사건의 진리가 사건 자체와는 구별될 수 있음을 주목하라. 사건 자체는 1세기 예루살렘에서 일어났으며 결코 반복될 수 없다. 우리는 그 사건을 눈으로 직접 볼 수 없다. 그러나 우리는 그 사건이 일어났는지를 말할 수 있다(그 사건은 일어났다). 그 사건이 일어났다는 확언은 모든 미래 시간에서 계속적으로 참되다.

과거 시간은 어떠한가? 예수 그리스도께서 세상에 오시기 **전은 어떠한가**? 그때는 그리스도의 십자가 수난 사건이 아직 일어나지 않았다. 하지만 그 일은 이미 하나님에 의해 **계획되었다**.

너희 조상이 물려 준 헛된 행실에서 대속함을 받은 것은 은이나 금 같이 없어질 것으로 된 것이 아니요 오직 흠 없고 점 없는 어린 양 같은 그리스도의 보배로운 피로 된 것이니라. 그는 **창세 전부터 미리 알린 바 되신** 이나 이 말세에 너희를 위하여 나타내신 바 되었으니(벧전 1:18-20)

하나님이 우리를 구원하사 거룩하신 소명으로 부르심은 우리의 행위대로 하심이 아니요 오직 자기의 뜻과 **영원 전부터** 그리스도 예수 안에서 우리에게 주신 은혜대로 하심이라(딤후 1:9)

과연 헤롯과 본디오 빌라도는 이방인과 이스라엘 백성과 합세하여 하나님께서 기름 부으신 거룩한 종 예수를 거슬러 하나님의 **권능과 뜻대로** 이루려고 **예정하신** 그것을 행하려고 이 성에 모였나이다(행 4:27-28)

사도행전 4장 27-28절을 좀 더 세심히 생각해 보자. 바로 앞 구절인 25-26절은 하나님이 이미 그리스도의 수난과 죽음을 계획하셨음을 확인하기 위해 1천 년 전 기록된 시편 2편을 인용한다. 하나님의 계획에 따라 **때가 되어** 그리스도께서 본디오 빌라도에 의해 고난당하실 것은 1천 년 전에도 이미 무오하게 참이었다. 일어난 일의 진리는 하나님의 계획 속에서 이미 참이었다. 진리는 그것이 묘사하는 사건과 구별된다.

다른 덜 중요한 진리는 어떠한가? 열왕기하 22장 1절은 "요시야가 왕위에 오를 때에 나이가 팔 세라"고 말한다. 여덟 살 된 요시야가 즉위한 것이 하나님의 사전 계획이었음을 명백히 밝히는 성경 구절은 없다. 하지만 성경은 "**모든 일**을 그의 뜻의 결정대로 일하시는 이[하나님]의 계획"(엡 1:11; 시 139:16 참조)이라는, 세부 사항을 포함한 역사의 모든 일은 하나님이 계획하신 것이라는 일반 원칙을 우리에게 알려 준다. 따라서 덜 중요한 진리에도 같은 원칙이 적용된다. 모든 진리는 편재하고, 영원하고, 불변한다.

하나님이 예언의 말씀을 성취하실 때 우리는 진리의 불변성의 인상적인 사례를 본다. 예를 들어 열왕기상 13장 2절의 여로보암의 제단에 대한 구체적인 예언을 생각해 보라. "다윗의 집에 요시야라 이름하는 아들을 낳으리니 그가 네 위에 분향하는 산당 제사장을 네 위에서 제물로 바칠 것이요 또 사람의 **뼈**를 네 위에서 사르리라 하셨느니라." 이 예언은 한 익명의 선지자가 여로보암 앞에서 선언했다(왕상 13:1). 여로보암은 이스라엘 왕국이 남북으로 분열된 후 북왕국 이스라엘의 첫 왕이었다(왕상 12:20). 예언은 수백 년 후 성취되었다. "요시야가 몸을 돌이켜 산에 있는 무덤들을 보고 보내어 그 무덤에서 해골을 가져다가 제단 위에서 불살라 그 제단을 더럽게 하니라"(왕하 23:16). 여로보암에 대한 심판을 언급한 이 진리는 영원히 참된 것으로 남아 있다.

이 같은 경우를 더 찾아볼 수 있다. 선지자 미가는 메시아 예수님이 베들레헴에서 탄생하실 것을 예언했다(미 5:2). 그 예언은 예수님이 베들레헴에서 탄생하시기(마 2:1-6) 수백 년 전인 BC 8세기에 주어졌다(미 1:1). 이 같은 예언은 하나님이 불변하는 계획을 지니고 계심을 확인해 준다. 이 계획에 관한 진리는 변하지 않는다. 그것은 변할 수 없다.

진리의 다른 속성

진리의 다른 특징들은 전통적으로 하나님과 관련된 속성과 부합한다.

진리는 참되다. 마찬가지로 하나님은 참되시다.

진리가 말하는 것들은 가시적일 수 있어도, 진리는 **비가시적**이다.

진리는 **비물질적**이다. 즉, 진리는 오렌지처럼 원자들로 이루어지고 공간 안에서 특정한 위치를 점하는 물질적인 것이 아니다. 어떤 진리는 물질적인 것에 **대한** 진리다. 그러나 진리 자체는 진리가 말하는 것과 구별된다.

이제 하나님의 속성인 **초월성**(transcendence)과 **내재성**(immanence)을 함께 생각해 보자. 진리는 초월성과 내재성 둘 다를 드러내는가? 하나 이상의 경우에 적용되는 진리를 생각해 보면 그러하다는 것을 더 쉽게 알 수 있다. 예를 들어 2+2=4는 참되다. 이 진리는 많은 경우에 적용된다. 사과 둘에 사과 둘을 더하면 사과 넷이며, 오렌지 둘에 오렌지 둘을 더하면 오렌지 넷이다. 하나 이상에 적용되는 진리는 그것이 말하는 세상을 **초월한다**. 그것은 구체적인 경우를 초월한다. 동시에, 진리는 구체적인 경우와 연관된다는 점에서 **내재적이다**. 초월성과 내재성 둘 다 진리의 속성이다. 이것은 하나님의 속성이기도 하다.

하나의 구체적인 경우에만 초점이 맞춰진 진리는 어떤가? 이 진리를 생각해 보라. "요시야가 왕위에 오를 때에 나이가 팔 세라"(왕하 22:1). 이것은 하나의 경우만 언급한다. 즉, 어느 시점에 요시야가 통치하기 시작했다. 그러나 여기서도 진리는 영원히 참이기에 요시야가 통치하기 시작했던 순간을 초월한다.

한 진리가 무한히 많은 다른 진리를 수반한다는 뜻에서 진리는 **무한하다**. 2+2=4라는 진리를 다시 예로 들어 보자. 이것은 다른 많은 진리를 수반한다.

2+2=4

2+2=4는 참되다.

[2+2=4는 참되다]는 것은 참되다.

[[2+2=4는 참되다]는 것은 참되다]는 것은 참되다.

[[[2+2=4는 참되다]는 것은 참되다]는 것은 참되다]는 것은 참되다.

[[[[2+2=4는 참되다]는 것은 참되다]는 것은 참되다]는 것은 참되다]는 것은 참되다.

…

이 진리 중 어느 것도 앞의 문구에 담긴 진리를 단순히 반복하지 않는다. 따라서 진리는 무한하다.

진리를 확장하는 이 구체적인 예가 억지로 꾸민 것처럼 보일 수도 있다. 우리는 문구를 확장한다. 그러나 우리는 세계에 대해 그 어느 것도 바꾸지 않는다. 우리가 앞 문구의 진리를 언급하는 진리를 덧붙일 때 실제로 중요한 그 무엇을 덧붙이고 있는가?

우리는 세계를 바꾸지 않았다. 세계에 대한 진리도 바꾸지 않았다. 하지만 우리는 무한히 많은 수의 진리가 있음을 보여 주었다. 이는 우리가 하나님 안의 무한한 깊이를 들여다볼 수 있는 한 가지 방법이며, 그 깊이는 하나님의 생각 속 깊이이기도 하다.

"…는 참되다"라고 덧붙이는 것은 억지스러워 보일 수 있다. 그러나 이렇게 하는 것이 어떻게 가능한지를 생각하기 시작하면, 언어에 대한, 그리고 인간의 생각에 대한 심오한 부분을 엿보게 된다. 언어의 한 부분은 언어의 다른 부분에 대해 말할 수 있다. 언어의 이 특성은 인간 생각의 특성과 부합한다. 우리는 자신이 이미 행한 것이나 이미 생각했던 것으로부터 '물러선' 위치에서 전체 장면을 다시 볼 수 있다. 이는 우리 상황의 직접성과 우리 행동의 직접성을 '초월할' 수 있는 방식이다. 우리는 그 상황을 **되돌아볼** 수 있다. 또한 우리는 자신이 되돌아본 것을 되돌아볼 수 있다. 이 과정을 되풀이할 수 있다. 이른바 이 '초월성'은 하나님의 초월성이 아니다. 그러나 하나님의 초월성을 **모방한** 것이다. 결국 우리는 한 상황을 더 높은 관점에서 내려다보는 법을 상상하고 있다. 모든 관점 중에서 가장 높은 것은 하나님의 관점이다. 여전히 피조물의 수준에서이지만, 우리는 하나님의 생각을 따라 생각하고 있다.[5]

아울러 진리는 도덕적으로 **절대적**이다. 그것은 우리의 충성을 절대적으로 요구한다. 예를 들어 중력의 법칙은 만일 당신이 높은 건물에서 뛰어내린다면 당신이 땅으로 떨어질 것을 시사한다. 어떤 이는 이 진리를 거스르려고 할 수 있다. 그렇게 되지 않기를 바랄 수도 있다. 착각에 빠져 자신이 초인적인 힘을 지녔다고 생각할 수도 있다. 하지만 그의 모든 바람과 생각은 진리의 요구를 무효화하지 못한다. 만일 그가 그 요구를 무시하면 떨어져 죽을 것이다.

모든 진리가 이처럼 극적 효력을 미치는 것은 아니다. 그러나 모든 진리는 충성을 요구한다. 진리를 무시하는 모든 사람은 자신을 위험에 처하게 한다.

진리는 인격적인가?

인격적인 신을 믿고 싶어 하지 않는 사람은 진리 개개나 진리 전체가 비인격적인 추상 개념일 뿐이라고 생각함으로써 그런 믿음에서 벗어나려 할 수 있다. 하지만 이 대안은 그럴싸하지 않다. 진리는 이성적이다. 이성은 바위에 속한 것이 아니라 인격에게 속한 것이다. 진리는 언어와 유사하다(심지어 우리가 구체적인 인간 언어로 진리를 표현하기 전에도 그러하다). 많은 진리의 복합성은 동물들이 서로 주고받는 신호를 능가하는 언어의 복합성을 예시한다. 언어 능력(진리를 다루는 데 필요한 복합성의 능력)은 인격에게 속한다.

진리와 하나님

진리에는 성경의 하나님의 속성들이 있다. 이 속성들은 하나님이 인격적이시라는 사실을 포함한다. 진리는 하나님의 또 다른 이름이다. 성경은 이 사실을 확언한다. 그리스도께서는 "내가 곧 길이요 **진리요** 생명"이라고 말씀하신다(요 14:6). 요한복음 3장 33절은 "하나님이 참되시다"고 말한다. 우리는 하나님으로부터 하나님이 아시는 진리들로 우리의 생각을 이동시키는 데 익숙하다. 하나님이 존재하시므로 진리도 존재한다. 우리는 역방향으로도 이동할 수 있다. 진리가 존재하므로 하나님도 존재하신다. 왜냐하면 하나님이 진리이시기 때문이다.

이 화언들이 진리가 하나님 **이면의** 그 무엇(하나님보다 더 궁극적인 그 무엇)임을 시사하지 않는다는 것을 첨언해야겠다. 하나님이 가장 궁극적인 기원이시다.[6] 진리는 '하나님 뒤에' 존재하지 않고 하나님 안에 존재한다. 진리는 하나님이 따르셔야만 하는, 하나님 밖의 그 무엇이 아니다.

이 지점에서 우리는 신적 **단순성** 교리의 도움을 받을 수 있다. 여기서 '단순성'이란 신학에서 사용되는 전문 용어다. 이것은 하나님이 우리가 이해하기에 단순하신 분임을 뜻하지 않는다. 그보다는 하나님이 나누어질 수 있는 부분들로 구성되지 않으셨음을 뜻한다. 그는 '복합적인 것과는 대조적으로' 단순하시다. 예를 들어 보자. 연필은 복합적인 물건이다. 심과 나무 막대와 지우개로 구성되어 있기 때문이다. 하나님은 물질적이지 않으시므로 그를 물질적인 부분들로 나누는 것은 불가능하다. 아울러 그를 개념적으로, 그에 앞서며 그가 요구에 복종하게 하는 추상적 개념들로 나누는 것도 불가능하다. 진리는 이런 개념의 한 예다. 진리는 하나님보다 더 궁극적이지 않다. 도리어 그것은 하나님이 존재하시는 한 방식이다.[7]

적용

모든 진리가 하나님을 계시하므로 우리는 믿지 않는 자들에게 하나님에 대해 말할 때 확신을 가질 수 있다. 흔히 그들은 자신의 삶에서 하나님의 존재를 인정하지 않는다. 하지만 그는 거기 계신다. 그들은 하나님을 의존한다. 로마서 1장 21절이 상기시키듯이 그들은 하나님을 "알되" 그 지식을 억누른다. 그들은 참된 것을 말하는 과정에서도 하나님을 안다. 우리에게 주어진 도전은 완전한 무지 상태에 있는 이들에게 말하는 것이 아니라, 하나님에 대해 그리고 그리스도 안에 있는 구속에 대해 말하는 것이다. 우리는 하나님이 성령을 보내셔서 그들의 마음을 변화시켜 주실 것을 기도한다. 하나님이 우리의 말과 진리 표현을 사용하셔서 믿지 않는 자들을 믿게 하시기를 기도한다.

우리 자신으로서는 진리를 통해 하나님이 드러나신다는 점에 더욱 감사해야 한다. 우리가 아는 모든 진리는, 편재성과 영원성과 불변성 가운데 영화로우신 하나님으로부터 나온다.

2장

하나님의 속성

먼저 하나님의 참되심 속에 그의 여러 속성이 어떻게 나타나는지 살펴보자. 하나님의 '속성'(attributes)은 그가 누구이신지를 묘사하는 용어다. 그는 **영원하시고, 무한하시고, 초월적이시고, 선하시고, 자애로우시고,** …. 하나님의 참되심을 생각해 보면, 우리는 그 참되심이 다른 많은 속성과 공존함을 볼 수 있다. 그의 속성들은 그의 참되심 속에서 드러난다.

여기에는 단순성과 연관된 근본적인 일반 원칙이 있다. 앞에서 보았듯이 신적 단순성은 하나님이 나뉠 수 없음을 뜻한다. 부차적으로는 그의 속성이 나뉠 수 없으며, 그래서 우리가 개별 속성들을 깔끔하게 구획된 상자에 넣듯이 따로 분리할 수 없음을 뜻한다.

우리는 어느 한 속성을 따로 떼어 내어 그것을 하나님의 다른 모든 속성으로부터 **분리해** 생각할 수 없다. 사실 각각의 속성은 하나님의 일부만이 아니라 전체를 묘사한다. 그렇다면 각각의 속성은 **다른** 모든 속성을 묘사하는 것이다. 모든 속성이 하나님이 누구이신지에 속하기 때문이다.

　진리는 하나님의 속성 중 하나다. 따라서 이 속성 안에서 다른 속성들을 볼 수 있으며, 그 속성들 모두는 진리에 속한다.

단순성

　단순성(simplicity)에서 시작해 보자. 각각의 속성은 하나님에 관한 진리에 부합한다. 하나님이 편재하시다는(어디에나 계시다는) 것은 참되다. 하나님이 영원하시다는 것은 참되다. 하나님이 불변하시다는 것은 참되다. 이 진리 각각은 다른 진리들을 배경 삼는다. 우리는 다른 진리들 없이 한 진리만 가질 수 없다. 만일 **속성들**이 하나님 성품의 영원한 특성을 뜻한다면, 그것들은 모두 서로에게 속한다. 그것들 모두 한 분 하나님께 속하기 때문이다. 이 고유한 '서로에게 속함'은 단순성을 묘사하는 또 다른 방식이다. 그것은 하나님이 단순하시다고 말하는 것과 같다. 혹은, 우리는 진리의 속성을 이용하고 있으므로 진리가 단순하다고 말할 수도 있다. 이는 진리에 대한 진술이 하나뿐임을 뜻하지 않는다. 다만 모든 진술이 서로에게 속함을 뜻하며, 진술 각각이 하나님의 속성을 담고 있고, 하나님 안에 있는 통일성에 속함을 뜻한다.

만일 우리가 어떤 진리도 다른 모든 진리로부터 완전히 분리해 생각하거나 논할 수 없다는 사실을 염두에 둔다면, 우리는 이 통일성에 따른 한 가지 결과를 알 수 있다. 예를 들어 "하나님이 편재하신다"고 말하는 것이 의미를 지니려면, 우리는 존재한다는 것이 무슨 뜻인지를 이해해야 한다. 피조 세계 안에서, 하나님의 존재하심은 공간 속 어디에나 존재하시는 것이다.

전지성

다음 속성은 전지성(omniscience)이다. 하나님은 모든 것을 아신다. 우리는 하나님이 진리이심을 말했다. 따라서 그는 함께하는 **모든 진리**이시다. 그는 인격적이시므로 자신을 아시며 모든 진리를 아신다. 예를 들어 그는 다윗이 복중에 있을 때도 그에 대한 모든 것을 아셨다. "주께서 내 내장을 지으시며 나의 모태에서 나를 만드셨나이다"(시 139:13). 그는 우리가 말하기 전에 우리가 말할 것들을 아신다. "여호와여 내 혀의 말을 알지 못하시는 것이 하나도 없으시니이다"(시 139:4).

절대성

하나님은 절대적(absolute)이시다. 이는 그가 자신 밖의 그 무엇에도 의존하지 않으심을 뜻한다. 이 속성은 단순성과 긴밀히 연관된다. 하나님의 배후에는 그가 의존하실 수 있는 것이 전혀 없다. 우리가 신리와의 접촉을 경험하는 방식을 생각하면 이 속성을 확언할 수 있다. 우리는 진리에 의존한다. 진리는 우리에게 절대적인 권한을 행사한다.

우리는 적어도 몇몇 진리가 세상에 의존한다고 생각할 수 있다. 구체적인 예를 생각해 보라. 참나무는 다른 나무들처럼 그 종류대로 번식한다(창 1:11-12). 이는 참나무에 대한 진리다. 순진하게 보면, 이 진리는 참나무가 세상에 존재한다는 **앞선** 사실에 의존하는 것처럼 보일 수 있다. 그렇다면 이 진리가 세상에 의존하는 것일까? 분명 이것은 세상에 대한 진리다. 인간으로서 우리는 창세기 1장 11-12절의 하나님의 말씀과 우리가 관찰할 수 있는 참나무가 있어 이것을 알게 되었다. 하지만 이 진리의 **기원**은 무엇일까? 그 기원은 하나님 안에 있으며 세상 안에 있지 않다.

진리의 영원성을 고찰해 보았듯이, 진리는 세상이 존재하기 전에도 존재했다. 하나님은 세상을 위한 계획을 지니셨다(사 46:9-10; 엡 1:11). 그의 계획 속에서, 그는 일어날 모든 일을 미리 아셨다. 따라서 그는 모든 진리를 아셨다. 참나무에 대한 진리는 참나무에 **앞선다**. 참나무가 진리에 의존하며 그 역은 성립하지 않는다.

전능성

다양한 사물에 대한 진리가 세상 안에 있는 사물들에 앞선다는 사실은 다른 의미도 지닌다. 그것은 진리가 세상에 종속된 개념으로 존재하지 않고, 세상 안에 있는 사물들이 그것들에 대한 진리에 의해 지탱됨을 뜻한다. 인간의 지식에 초점을 맞추다 보면, 우리는 세상에 대해 무언가를 알아내야 하므로 우리의 지식이 세상에 종속되는 측면이 있다. 예를 들어 내가 앞마당에 참나무가 있음을 아는 것은 그 나무가 거기에 있기 때문이다. 참나무는 그 나무에 대한 나의 지식에 앞선다.

그러나 하나님의 지식은 다르다. 참나무에 대한 하나님의 지식은 참나무에 앞선다. 하나님은 참나무가 거기에 있도록 계획하셨다. 그것이 바로 그 나무가 거기에 있는 이유다. 그러므로 하나님의 생각 속에 있는 진리가 그 참나무에 앞선다.

그러기에 진리에 대해 생각할 때 우리는 하나님이 세상을 다스리시는 방식의 여러 측면을 확인한다. 우리는 단지 세상에 대해서뿐 아니라 하나님에 대해서 알아 가고 있다. 우리가 알아내는 세상에 대한 어떤 진리는 하나님 안에 존재하는 진리다. 따라서 세상은 이런 식으로 진리에 종속된다.

그렇다면 진리는 전능하다(omnipotent). 세상은 언제나, 어디서나 하나님 안에 있는 진리에 철저히 그리고 완벽하게 종속된다.

땅의 모든 사람들을 없는 것 같이 여기시며 하늘의 군대에게든지 땅의 사람에게든지 그는 자기 뜻대로 행하시나니 그의 손을 금하든지 혹시 이르기를 네가 무엇을 하느냐고 할 자가 아무도 없도다(단 4:35)

주의 명령이 아니면 누가 이것을 능히 말하여 이루게 할 수 있으랴 화와 복이 지존자의 입으로부터 나오지 아니하느냐(애 3:37-38)

선하심

우리는 처음에는 외면할 수 있지만, 근본적인 차원에서 진리가 선함을 발견한다. 진리는 우리에게 선하다. 만일 우리가 진리에 대해 잘못 생각한다면, 세상에 대해서도 잘못 생각하는 것이다. 그리고 이런 잘못된 생각은 재앙을 초래할 수 있다.

간단한 예를 다시 생각해 볼 수 있다. 우리는 단지 자신이 원한다고 해서 중력의 법칙을 무시하고 창공을 날 수 없다. 만일 우리가 이 진리를 모르면, 창공을 날 수 있다고 상상하고 그렇게 시도하다가 다칠 수 있다. 우리가 스스로 창공을 날 수 없음을 아는 것이 선하다. 그래야 재앙에 직면하지 않기 때문이다. 또한 그 지식은 우리가 실망에 빠지지 않도록 지켜 준다.

우리 집 앞뜰에 참나무가 한 그루 있다는 것은 선하다. 그것이 선한 이유는 하나님이 선한 것들을 창조하시기 때문이다. 참나무는 선하다. 그것이 선한 이유는 참나무가 내가 하나님을 찬미하며 그가 지으신 것을 찬양할 계기가 될 수 있기 때문이다.

하나님은 진리의 하나님이시므로 하나님은 선하시다.

하나님의 뜻

만일 하나님이 선하시다면, 하나님은 또한 선한 것을 뜻하신다. 그는 선한 것을 바라신다. 따라서 그는 진리를 인정하신다. 하나님이 의지를 지니신다는 것은 그의 속성 중 하나다. 다시 한번 참나무를 예로 들 수 있다. 참나무가 거기 있는 것은 그것이 참나무가 거기 있도록 하신 하나님의 계획 속 진리의 일부였기 때문이다. 또한 그는 참나무가 그곳에 있도록 뜻하셨다. 그는 참나무가 그곳에 있기를 바라셨다.

자비

타락한 상태에서, 하나님께 반역한 상태에서 우리는 진리를 받을 자격이 없다. 그래서 진리는 우리에게 올 때 자비(mercy)로서 온다. 우리가 무슨 진리든 지니고 있다는 사실은 하나님이 자비로우시다는 사실을 반영한다. 하나님께 반역하는 사람들은 너무나 혼

란스러워서 세상의 존재를 의심한다. 그들은 우리 집 앞뜰에 있는 참나무가 단지 참나무의 환영일 뿐이라고 생각할 수 있다. 하나님은 참나무가 거기에 있다는 확신을 주셔서 그러한 망상으로부터 나를 구해 주셨다. 제정신인 사람들은 세상에 대한 이 같은 진리들을 당연시하는 경향이 있지만, 그 진리들은 선물이다. 우리 각자는 제정신이 아닐 수 있었다.

사랑

진리에 대한 합당한 반응은 진리를 사랑하는 것임을 우리는 마음속 깊이 알고 있다. 이것은 인간 차원에서 우리의 반응으로 일어나야 한다. 그런데 우리는 하나님의 형상으로 지음받았으므로, 우리 인간의 반응은 피조물 차원에서 하나님에 대한 어떤 것을 반영한다. 하나님과 진리의 자연스러운 관계는 어떨까? 하나님은 **자애로우시며** 진리를 사랑하신다.

의

2+2=4와 같은 각각의 특정 진리는 사실과 들어맞는다. 개인 행동의 도덕적 차원에서 볼 때, 이 '적합성'의 감각은 인간의 인격과 행동과 태도에 대한 적절한 평가를 포함한다. 의(righteousness)

는 도덕적 적합성이다. 인간 법정에서 의는 잘못에 대한 처벌에 주의를 기울이는 것도 포함할 수 있다. 처벌은 범죄에 적합해야 한다. "여호와께서 만국을 벌할 날이 가까웠나니 네가 행한 대로 너도 받을 것인즉 네가 행한 것이 네 머리로 돌아갈 것이라"(옵 15).[1] "여호와여 주는 의로우시고 주의 판단은 옳으니이다"(시 119:137).

거룩

거룩(holiness)은 앞에서 언급한 도덕적 절대성과 긴밀히 연관된다. 진리는 우리에게 절대적인 도덕적 요구를 한다. 진리는 우리를 초월함으로써 하나님의 거룩성을 지니고 있음을 보여 준다. 다음을 비교해 보라. 요한계시록 4장에서 생물들이 하나님 앞에 서 있다. 그 생물들은 거룩하며 하나님의 거룩성을 반영한다. 진리는 하나님의 생각 안에 있으므로 어떤 의미에서 더욱 하나님 앞에 있다. 따라서 진리는 거룩하다. 그것은 하나님의 지고하신 순수성을 드러낸다.

우리는 이를 또 다른 방식으로 살펴볼 수 있다. 진리는 본성상 오류로 오염되어 있지 않다. 진리는 우리 자신의 생각과 우려 안에서 오류와 섞일 수 있다. 그러나 진리 자체는 참되며 무오하다. 그것은 오염되어 있지 않다. 말하자면, 그것은 순수하다. 거룩은 하나님의 완전한 순수성을 묘사하는 말이다. 우리 집 앞뜰에 있는 참나무에 대한 진리는 하나님의 생각 속에서 순수하다. 이런 점에서 참나무는 하나님의 거룩성을 드러낸다.

적용

진리 안에서 드러나는 하나님의 속성은 영화롭다. 이에 적합한 반응은 하나님을 찬양하며 그를 섬기는 것이다. 우리는 오늘 하나님이 우리가 어떤 진리에 관심을 갖게 하시는지, 그리고 그 진리가 어떻게 그의 영광을 드러내는지 물을 수 있다.

3장

삼위일체

그다음 삼위일체 교리를 생각해 보고자 한다.

신비에 대한 확인

삼위일체 교리는 참되신 하나님은 오직 한 분이며, 이 한 분 하나님은 세 위격이시라고 말한다. 세 위격은 성부와 성자와 성령이시며, 각 위격은 온전히 하나님이시다.

삼위일체 교리는 심오한 신비다. 하나님은 자신이 지으신 세상 속의 그 어느 것과도 같지 않으시다. 세상 안에는 그에 대한 모든 것을 담은 모델이 없다.

앞 장들에서처럼 우리의 목적은 삼위일체 교리를 확립하는 것이 아니다. 그렇게 하려면 구체적인 성경 본문들을 광범위하게 논의해야 할 것이다.¹ 우리는 교리가 이미 확립되었다고 본다. 삼위일체 교리는 많은 성경 본문에서 하나님에 대해 말하는 내용을 정제한 것이며, 교회 역시를 지나오면서 제시된 많은 논서에 의해 확인되었다. 따라서 우리의 목적은 진리라는 우리의 주제를 활용해 이 교리의 조화로움을 확인하는 것이다.

진리와 그 주제

앞에서 우리는 피조 세계에 대한 진리를 생각해 보았다. 진리는 진리가 말하는 것들에 앞선다는 것을 보았다. 예를 들어 참나무에 대한 진리는 참나무에 앞선다. 이제는 '하나님이 선하시다'와 같은, 하나님에 대한 진리를 생각해 보자. 만일 이 진리가 하나님에 앞선다고 말하면, 우리는 문제에 봉착한다. 단순성에 대한 교리와 하나님의 절대성에 대한 교리는 그 무엇도 하나님에 앞서지 않는다고 말한다. 하나님이 나아가시는 만큼 선도 나아가지만, 선이 하나님을 '앞서지는' 않는다. 하나님이 처음에 존재하신 지 얼마 후에 선해지기로 결심하셨거나 선을 추가적인 속성으로 취하셨다는 의미에서 선에 앞서시는 것도 아니다. 그렇지 않다. 하나님은 **필연적으로** 선하시다.

이 모든 경우에도 하나님과 하나님이 선하시다는 진리를 **구별하는** 것은 여전히 가능하다. 우리는 두 의미를 구별할 수 있다. 우리는 구별하지만, 그러나 분리할 수 없다.

하나님은 절대적이시므로 자신 안에 이러한 구별을 위한 자원을 갖고 계시다. 하나님은 한 분 하나님, 자신의 단순성 안에서 하나이시다. 그러나 다양성(diversity)도 있다. 하나님과 하나님의 진리는 구별된다. 이 하나님의 진리는 성경에서 "말씀"과 "진리"로 불린다(요 1:1; 14:6). 하나님은 한 분 하나님이시다. 그러나 구별되는 위격도 있으시다. 현저하게 하나님을 대표하시는 성부 하나님이 계신다(요 1:1; 갈 4:4; 히 1:2). 말씀이시요 성부의 표현이신 성자 하나님이 계신다. 우리에게 진리를 알려 주시는 성령 하나님도 계신다.

게다가 우리가 하나님에 대한 진리를 생각할 때, 일종의 논리적 순서 또는 사고의 순서가 있는 것 같다. 하나님에 대한 진리는 하나님이 누구이신지를 표현한다. 그 표현은 하나님 안에 이미 존재하지만, 하나님으로부터 표현으로의 움직임이 있다. 이 움직임은 아들이 아버지에 의해 영원히 나심(eternal begetting)에 뿌리를 둔다. 아울러, 성령은 아버지와 아들로부터 발출하신다(proceeds).

말씀하시는 하나님

우리는 하나님이 인격적이시라고 말했다. 인격적인 것의 기본

특징 중 하나는 의사소통이다. 복잡한 의사소통에는 언어의 놀라운 복합성이 활용된다. 하나님은 인격적이시므로 의사소통하신다. 이 특징은 심지어 하나님이 세상을 창조하신 것과 별도로 참되다. 그는 세상을 필요로 하지 않으신다(그는 절대적이시다). 따라서 하나님 안에 의사소통이 있다. 우리는 진리가 표현된다고 말한 바 있다. 이것은 소통된다고도 말할 수 있다. 이 의사소통은 구별을 수반한다. 의사소통자 하나님이 계신다. 의사소통 자체가 있다. 그리고 요한복음 16장 13절이 알려 주듯이, 듣는 이 또는 수신자인 하나님이 계신다. 즉, 의사소통에는 세 분이 있다. ① 의사소통의 기원이신 의사소통자, ② 의사소통 그 자체, ③ 의사소통의 수신자. 이들 셋은 다른 곳에서, 삼위일체를 반영한다고 논의되었다.[2] 현저한 의사소통자는 성부라 지칭되신다. 의사소통 자체는 말씀이라 지칭되는 성자이시다(요 1:1). 요한복음 16장 13절에서 성령은 하나님의 말씀을 들으시는 분이다.

> 진리의 성령이 오시면 그가 너희를 모든 진리 가운데로 인도하시리니 그가 스스로 말하지 않고 오직 **들은 것**을 말하며 장래 일을 너희에게 알리시리라

또한 성령은 때때로 말씀을 대상자에게 전하시는 하나님의 생기와 같은 분으로 묘사된다(겔 37:9-14).

하나님의 의사소통에는 자연스러운 순서가 있다. 의사소통이 성부로부터 나가고, 성자 안에서 발해지며, 그것을 성령이 들으신다(요 16:13). 성자가 말씀으로서 나오신다는 것은 성자의 영원한 나심을 묘사하는 또 다른 비유다.

성자는 진리이시다. 진리로서 그는 성부를 표현하신다. 성부와 성자와 성령은, 그들 서로 간의 불가분성을 단언하는 단순성 교리가 시사하듯이, 하나님의 고전적인 모든 속성을 공유하신다. 위격이 서로 구별된다는 사실은 속성들의 공통성과 신비하게 보조를 맞춘다(고전적으로 공통성은 '한 본질'이라 언급되며, 이는 오직 한 분 하나님이 계심을 그리고 각 위격이 온전히 하나님이심을 뜻한다. 각 위격 모두가 하나님의 속성을 지니신다).

사랑을 시사하는 진리

또한 앞에서 우리는 진리가 자연적으로 사랑을 상기시킴을 보았다. 요한복음 3장 35절과 5장 20절에서 말하듯이, 성부는 성자를 사랑하신다. 혹은 우리는 하나님이 인격적이시라는 진리를 통해 생각해 볼 수도 있다. 위격들의 주요 특징 중 하나는 그들이 사랑하실 수 있다는 것이다. 하나님은 사랑하신다. 사랑은 **상호**위격적이다. 그것은 사랑하는 이와 사랑받는 이와 그들 간의 사랑을 시사한다. 이 셋은 하나님과 관련하여 참되다. 요한복음 3장 35절과 5장 20절에 따르면, 성부는 사랑하시는 분이고 성자는 사랑받으시는 분이다. 그리고 요한복음 3장 34-35절에 따르면 성령은 그들 간의 사랑과 긴밀히 연관되신다.[3] **성부**와 **성자**라는 칭호는 삼위일체의 위격 간의 사랑이 인간의 사랑, 곧 아들을 향한 아버지의 사랑이 닮는 원형 또는 근원적 패턴임을 시사한다.

반영을 시사하는 진리

하나님의 말씀 안에서 표현되는 진리는 성부가 누구이신지를 반영한다. 그 반영은 정확한 반영이다. "이는 하나님의 영광의 광채시요 그 본체의 **형상**이시라"(히 1:3). 따라서 진리 개념은 그 안에 반영 개념도 담고 있다. 진리는 실재를 반영한다.

성자 또한 "보이지 아니하는 하나님의 형상"(골 1:15)이라 불리신다. 따라서 하나님 안에 있는 진리에 대해 생각할 때 자연히 우리는 위격 간의 구분을 보게 된다. 성부 하나님은 원형이시고, 성자 하나님은 형상이시다. 또한 성자는 하나님의 진리이시다(요 14:6). 성령 하나님이 어떻게 연관되시는지는 분명하지 않지만, 성경의 여러 곳에서 성령은 신현에서 나타나는 하나님의 영광과 긴밀히 연관되신다(벧전 4:14). 구약의 신현들은 육신을 입고 오실 하나님의 아들을 예기한다. 신현에서는 성부가 원형이시다. 그는 에스겔 1장 26-28절에서와 같은 형상으로 나타나신다. 그 형상은 성자에 부합한다. 에스겔 1장 26-28절에서 인간 형태로 나타나신 분은 바로 하나님의 아들이시다.

에스겔 1장 26-28절과 요한계시록 1장 12-16절을 비교해 보면 이 진리를 알 수 있다. 요한계시록 1장 12-16절에서, 예수님은 하나님의 영광을 드러내시면서 요한에게 나타나신다. 요한계시록 1장 12-16절에 나오는 몇몇 특징은 에스겔 1장 26-28절에서 발견되는 것과 유사하다. 예를 들어 에스겔 1장 26절에 나오는 "사람의 모양"은 요한계시록 1장 12-16절에서 예수님이 지니신 사람 형체에 부합한다. 에스겔 1장 27절의 불과 빛나는 금속은 요한계시록 1장 14절의 "불꽃" 같은 눈 그리고 15절의 "빛난 주석"에 부합한다. 에스겔 1장 27절의 "광채"는 요한계시록 1장 16절의 "해가 힘있게 비치는 것"에 부합한다. 하나님의 영광은 성자 안에서 표현된 성부의 영광이며, 성령 안에서 원형과 그 반영을 이어주는 일종의 끈 역할을 한다.[4]

원형과 그 반영이라는 패턴은 의라는 하나님의 속성에 대해 앞에서 고찰한 내용을 강화한다. 의에서 우리가 본 '적합성' 개념은 진리와 주제가 부합하고, 진리와 진리의 표현이 부합하는 방식에서의 적합성과 유사하다. 부합한다는 것은 진리가 그것이 묘사하는 주제에 적합하다는 것을 뜻한다. 의와 진리의 유사성 때문에 우리는 의가 진리를 **반영한다**고 말할 수 있다. 혹은 역으로, 진리가 의를 반영한다고 말할 수 있다.

삼위일체에 대한 세 가지 비유

진리의 특성을 숙고하면서 우리는 그 특성이 삼위일체와 조화를 이룬다는 점을 알게 되었다. 더 구체적으로 말하면, 그 숙고를 통해 우리는 삼위일체의 두 위격 간의 구별을 묘사하면서 성경 자체가 사용하는 세 가지 주요 비유를 재확인했다.

그 비유들은 의사소통 비유(말씀이신 성자, 요 1:1; 하나님의 생기이신 성령, 겔 37:10, 14), 가족 비유(아들이신 삼위일체의 제2위) 그리고 반영 비유(형상이신 성자)다.[5] 이들 각각은 진리를 드러낸다. 의사소통 비유는 근원적 의사소통자이신 성부로부터 진리가 소통됨을 알려 준다. 가족 비유는 사랑 비유이기도 하다. 진리는 진리에 대한 사랑을 불러일으킨다. 반영 비유는 진리가 (하나님 자신을) 반영하는 것으로 설명된다.

이들 세 비유 모두에 삼위일체 내 위격들 간의 순서를 나타내는 이동이 있다. 하나님이 말씀을 베푸신다. 성부가 성자를 낳으신다. 그리고 성부는 그 형상에 자신을 반영하신다. 성령은 듣는 이와 생기로서, 사랑의 띠로서, 원형과 형상의 영광으로서 역할을 하신다. 혹은 우리는 성부가 진리를 소통하시고, 성령이 진리를 받으신다고도 말할 수 있다(요 16:13이 단언하는 것처럼, 성령은 우리에게도 진리를 알려 주신다).

삼위일체 위격들의 상호내재

끝으로, 상호내재론을 간략히 언급하고자 한다. **상호내재**는 삼위일체의 각 위격이 다른 각 위격 안에 내주하신다는 사실을 묘사하기 위한 용어 중 하나다. 우리는 위격들이 "상호내재하신다"고 말할 수 있다. 요한복음 17장 21, 23절과 요한복음 14장 23절이 이 진리를 알려 준다. 성부가 성자 안에 거하시고 성자가 성부 안에 거하신다고 말하는 구체적인 구절들에서 이 가르침이 가장 분명히 드러난다. 그것은 진리에 대해 우리가 살펴본 내용에도 암시되어 있다. 삼위일체의 각 위격은 진리를 온전히 아신다. 각 위격은 다른 위격들을 완벽하게 아신다. 만일 하나님이 진리이시면, 하나님의 충만함 가운데서 진리를 온전히 아신다는 것은 하나님 안에 거하심을 시사하며, 따라서 삼위일체의 구별되는 각 위격 안에 거하심을 시사한다.

상호내재는 삼위일체의 각 위격이 다른 위격들과 **함께** 행하심을 시사한다. 그들은 다른 위격들 안에 내주하시므로 누구도 독자적으로 행하지 않으신다. 그 상황은 성령이 우리 안에 거하셔서 우리 안에서 행하시면 우리가 독자적으로 행하지 않는다는 사실과 유사하다. 우리가 행동하지만, 하나님도 우리 안에서 행하신다. "너희 안에서 행하시는 이는 하나님이시니 자기의 기쁘신 뜻을 위하여 너희에게 소원을 두고 행하게 하시나니"(빌 2:13).[6]

적용

상호내재로 인해 우리는 하나님을 찬양한다. 하나님은 그리스도를 믿는 자들 안에 거하신다. 그 내주하심은 우리를 복되고 강하게 한다. 그것은 원형적 내주, 즉 삼위일체의 위격들의 상호내재를 반영한다.

또한 우리는 놀라운 구속을 이루신 주께 감사할 수 있다. 우리의 구원은 삼위일체 세 위격의 활동을 통해 이루어진다. 성부는 창세 전부터 구속을 계획하셨다(벧전 1:20). 그리스도께서 자신의 지상 생애와 죽음과 부활과 승천을 통해 구속을 완성하셨다. 성령은 우리 안에 거하러 오심으로써 구속을 적용하신다. 이들 각각은 진리 안에서의 친교인 위격들의 친교를 나타낸다.

4장

하나님의 계획

진리의 특성은 세상을 위한 하나님의 계획에 대해 무엇을 시사하는가?

하나님의 계획

세상에 사건이 일어나기 전부터 진리가 하나님 안에 존재함을 이미 우리는 살펴보았다. 세상에서 전개되는 사건은 그 사건에 대한 진리에 부합한다. 진리가 이미 존재하는 것은 하나님이 세상 역사를 전반적으로 계획하시기 때문이다. 우리 집 앞뜰에 있는 참나무를 위한 그의 계획은 시간이 시작되기 전에 존재했다. 하나님의 생각 속에 있는 진리는 하나님의 생각 속에 있는 계획과 함께한다. 그 계획은 모든 것을 포함한다. 하나님은 참나무를 포함한 피조물 각각의 기원을 계획하신다. 그는 피조물이 존재하는 모든 과정을 보존하시고 다스리신다. 그는 피조물의 목표를 계획하신다. 참나무는 도토리에서 시작했고, 하나님의 목표는 도토리가 나무로 자라는 것이었다. 성경 전반에 걸쳐 여러 구절이 하나님의 포괄적인 간섭을 알려 준다.[1] 에베소서 1장 11절이 이 점을 잘 언급한다. "**모든 일**을 그의 뜻의 결정대로 일하시는 이의 계획을 따라." 하나님의 계획은 진리만큼 포괄적이며, 하나님이 아시는 진리는 모든 시대의 모든 사건에 대한 모든 진리를 포함한다.

인간의 행위

때로 사람들은 인간의 선택과 인간의 책임에 대해 궁금해한다.[2] 하나님이 미래를 결정하시는데도 우리에게 여전히 책임이 있을까? 예를 들어 내가 이제 겨우 싹이 나서 30센티미터 높이도 되지 않은 참나무를 우리 집 앞뜰에 옮겨 심었다. 내가 나무를 그곳에 옮겨 심도록 하나님이 이미 결정하셨을까? 만일 그가 그렇게 하셨다면, 내가 나무를 그곳에 심은 책임은 나에게 있는 것일까?

이 책에서 길게 논의할 수는 없다. 뒤에서 인간 본성에 대해 논의할 때 그 주제를 간략히 다룰 것이다. 여기서는 우리가 진리에 대해 두 종류의 관계를 맺을 수 있음을 살펴보자. 우리는 반응할 수 있고 또한 주도할 수 있다. 먼저, 우리는 이미 우리가 알고 있는 진리들에 반응한다. 둘째, 우리는 세상에서 주도적으로 행동하기로 결심하며, 그래서 새로운 상황을 조성한다. 그리고 이 상황들에 대한 진리들이 있다.

참나무를 예로 들어 보자. 내가 참나무를 옮겨 심기 전에 나는 그것이 참나무임을 수동적으로 알고 있었다. 또한 나는 나무를 주의 깊게 파내면 그것이 회복되어 새로운 장소에서도 계속 자랄 것을 알 정도로 나무에 대해 충분히 알고 있었다. 나는 내 주변 세계에 있는 참나무에 대해 본 것들에 반응함으로써 특정한 진리를 알았다. 그런 다음 그 나무를 옮겨 심었다. 옮겨 심는 과정에서 나는 주도권을 행사했다. 그 참나무가 새로운 장소에 심긴 것은 내가 그것을 그곳에 심기로 결심했기 **때문**이다. 따라서 한 지점에서는 반응이 있었고 또 다른 지점에서는 주도적인 행동이 있었다.

진리에 대한 이 두 종류의 관계를 생각해 보자.

첫 번째 종류의 관계에서, 우리는 진리에 반응한다. 진리는 하나님이 성경에서 계시하시는 것과 같은 하나님에 대한 진리일 수 있다. 혹은 우리는 상황에 대한 진리에 반응할 수 있다. 이 진리는 우리가 평범한 관찰을 통해 알게 되는 것이다. 그런 경우, 우리가 반응하기 전에 그 진리가 이미 존재했던 것이 분명하다. 우리는 상황을 조성하는 입장에 있지 않다.

반면 두 번째 종류의 관계에서는, 우리는 어떤 의미에서 새로운 상황을 **창조할** 수 있다. 내가 새로운 장소에 참나무 모종을 심는다. 내가 친구에게 무언가 새로운 것을 이야기한다. 혹은 내가 새 직장을 잡기로 결심한다. 나는 이런 일들을 할 때 진리들에 대응한다. 내가 말하는 것에 대한 진리들이 있다. 참나무에 대한, 즉 그것이 새로운 장소에 있다는 진리가 있다. 새 직장에 대한 진리가 있다. 예를 들어 우리는 우리가 새 직장을 잡았다는 것이 사실이라고 말할 수 있다. 이 진리들은 새 환경이 조성되기 전에는 사람들에게 알려지지 않았다(그러나 하나님께는 알려졌으며, 그것은 그의 계획의 일부였다). 만일 내가 6월 3일 오전 8시 30분에 아침식사를 한다면, 내가 6월 3일 오전 8시 30분에 아침식사를 했다는 진리를 자각하게 된다.

하나님은 이 두 종류의 진리를 주관하신다. 앞에서 언급했듯이, 모든 진리의 기원은 하나님 안에 있다. 하나님은 창조주이시다. 그는 우리보다 더 크시다. 그러나 성경은 하나님의 인격적 행위와 우리 인간의 인격적 행위 간에 어느 정도 유사성이 있음을 알려 준다. 그러면 하나님의 행위 속에서는 반응과 주도하심 간에 구별이 있을까?

우리는 주의해야 한다. 하나님은 결코 자신의 통제 밖에 있는 상황에 반응하셔야 하는 것이 아니다. 만일 우리가 하나님과 관련하여 **반응**이라는 단어를 사용한다면, 그것은 인간이 자신의 통제 밖에 있는 상황에 반응할 때와 같은 것을 의미하지 않는다.[3] 하나님은 그의 백성의 기도에 대한 응답으로, 상황들과 사람들을 평가하는 심판관으로서 반응하신다.

그 후에야 하나님이 그 땅을 위한 기도를 **들으시니라**(삼하 21:14)

죽은 자들이 자기 행위를 따라 책들에 기록된 대로 **심판을 받으니**
(계 20:12)

그러나 하나님은 인간의 기도와 인간의 상황에 의해 놀라지 않으신다는 사실을 우리는 명심해야 한다. 섭리적 통제에 따라 자신의 계획에 부합하도록 이 기도들과 상황들을 조성하는 분은 하나님이시다.

또한 하나님은 새로운 상황을 창조하신다. 그의 통치의 포괄성을 가장 생생하게 보여 주는 것이 바로 이 두 번째 부분이다. 그는 모든 것을 다스리신다.

여호와께서 그의 보좌를 하늘에 세우시고
그의 왕권으로 만유를 다스리시도다(시 103:19)

주의 명령이 아니면
누가 이것을 능히 말하여 이루게 할 수 있으랴

화와 복이 지존자의 입으로부터
나오지 아니하느냐(애 3:37-38)

성경은 하나님을 **칙령**, 즉 자기 나라에 대한 명령을 발하는 왕과 같으신 분으로 묘사한다. 왕의 칙령의 기능은 기존의 상황에 부합하는 것이 아니라 그 칙령에 명시된 상황을 조성하는 것이다. 왕이 그 상황을 조성할 수 있는 것은 그에게 주어진 권한 때문이다.

하나님이 어떤 명령을 내리실 때는 세상에 새로운 상황을 유발하시며, 그 상황을 묘사하는 일에 수반되는 모든 진리를 알게 하신다. 인간 지식의 관점에서는 그 진리가 새롭다. 그러나 하나님은 그 모든 것을 아셨다. 왜냐하면 그는 그 상황이 발생하기 전에 이미 계획을 가지고 계셨으며 그 새로운 상황이 존재하게 하셔서 그것이 알려지게 하셨기 때문이다.

따라서 우리는 두 종류의 진리가 있다고 말할 수 있다. 하나님의 계획 안에서는 이미 참되지만 지구상의 사람들에게 아직 알려지지 않은 진리들이 있다. 그리고 하나님이 그의 계획을 표현하시는 특정한 진리들을 통해 구체화된 상황을 유발하심으로써 우리에게 알려지는 진리들이 있다. 이 두 종류의 진리 구별은 진리의 특질에 내재된 것 때문이 아니라 인간 지식의 한계 때문에 발생한다.

진리와 필연

진리에 대해 생각할 때 또 다른 구별이 유용할 수 있다. 우리는 최소한 대략적으로라도 두 범주의 진리를 구별할 수 있다. 먼저 하나님이 항상 어떤 분이신지와 관련한 진리가 있으며, 그다음 그가 세상에 일어나게 하시는 일과 관련한 진리가 있다. 전자의 진리를 우리는 **필연적**이라 부를 수 있다. 후자의 진리는 필연적이지 않고 **우연적**이다. 필연적 진리는 달라질 수 없다. 우연적 진리는 하나님이 달라지게 하셨으면 달라질 수 있었다.

예를 들어 하나님이 전지하시다는 것은 필연적 진리다. 하나님이 누구이신가 하는 것은 필연적이다. 또한 하나님이 선하시다는 것도 필연적이다. 반면, 하나님이 세상을 창조하셨다는 것은 우연적 진리다. 그것이 우연적인 이유는 하나님이 절대적이시기 때문이다. 그에게는 무엇을 해야 하는 의무가 없으시다. 그는 세상을 창조하지 않으셔도 되었다. 그는 세상을 창조하기로 결정하셨다. 또한 그는 내 참나무가 예전 장소가 아니라 새로운 장소에서 성장하게 할 것을 결정하셨다. 그는 그 세부적인 사항을 미리 계획하지 **않으셔도 되었다.**

그러나 앞에서 우리는 진리가 절대적이라고 말하지 않았는가? 모든 진리는 절대적으로 우리에게 도덕적 요구를 한다. 하지만 그것은 그 진리가 모든 진리를 구체적으로 드러내시며 모든 진리를 아시는 하나님의 절대성을 반영하기 때문이다. 그러나 모든 진리가 필연적이지는 않다는 사실은 여전하다.

또 다른 경우를 생각해 보자. 하나님이 여러 예언을 통해 그러신 것처럼 미래를 위한 계획의 한 측면을 우리에게 알려 주신다고 가정해 보자. 예를 들어 그는 여자의 한 후손이 뱀을 멸하리라고 약속하신다(창 3:15). 그는 메시아가 다윗의 계보에서 나리라고 약속하신다(사 11:1-10). 일단 그가 자신의 계획의 한 부분을 우리에게 알려 주시면, 우리는 그 계획이 실현될 것을 확신할 수 있다. 우리는 그것이 **필연적**이라고 말할 수 있다. 즉, 그것이 하나님의 계획의 한 측면이라는 가정하에 그것은 필연적이다. 하지만 그 계획 자체는 하나님이 누구이신지와 관련하여 필연적이지 않다. 앞에서 보았듯이, 하나님이 세상을 반드시 창조하셔야 했던 것은 전혀 아니다. 그가 내 참나무를 반드시 만드셔야 했던 것은 아니다.

여기에 신비가 있다. 결국 하나님의 창조의 신비로 되돌아간다. 하나님이 하나님이시라는 것과 인격적이시라는 것은 참되다. 인격적인 하나님으로서 그는 **선택**을 하실 수 있다. 우리가 "요시야가 왕위에 오를 때에 나이가 팔 세라"(왕하 22:1)는 진리를 생각하고 있다고 가정하자. 이 진리는 하나님의 전반적인 계획에 속한 한 진리이며 영원 전부터 있었던 계획이다.

직관적으로 우리는 이 진리의 두 측면을 감지한다. 첫째, 이것은 우리를 초월한다. 이것은 영원히 하나님의 생각 속에 존재한다. 둘째, 이것은 달라질 수 있었다(**우연적이다**). 새 왕의 이름이 요시야가 아닐 수 있었다(그러나 왕상 13:2에서 "요시야"에 대한 예언이 주어졌으므로, 왕의 이름은 요시야여야만 했다. 하나님은 그 왕이 다른 이름을 갖도록 계획하실 수 있었지만, 그러셨다면 왕상 13:2에서 그 다른 이름을 제시하셨을 것이다. 하나님의 계획은 일관성이 있다). 요시야가 전혀 존재하지 않았을 수도 있다. 물론 다윗에게 주어진 하나님의 약속에서는, 마지막 왕이신 그리스도께로 이어지는 왕의 후손들의 계보가 반드시 있어야 했다. 요시야가 왕위에 오를 때 여덟 살이 아니라 아홉 살이나 열 살일 수도 있었다. 다른 나이였을 수도 있다. 비록 우리는 하나님이 아니며 그의 마음을 직접 파악할 수 없지만, 이 여러 가지 가능성이 하나님께는 실제적인 가능성들이었다는 사실을 인지할 수 있다. 하나님은 달리 계획하실 수 있었다. 그는 요시야가 즉위할 때 여덟 살이었던 세상을 결정하실 때 자신의 창조성과 선택 능력을 사용하셨다.

하나님은 궁극적이시므로 이 모든 가능성 이면의 궁극적 근원이시다. 여러 가능성 속에서 구별되는 것은 그 궁극적 근원이 하나님 자신 안에서 앞서 구별되는 것에서 비롯되었음이 틀림없다.

이것은 모두 매우 신비롭다. 그러나 우리는 하나님이 세 위격으로 존재하신다는 진리로부터 시작할 수 있다. 성부는 성자를, 시간 속에서가 아니라 영원한 행위로, 낳게 하신다(다시 말하지만, 이것은 신비롭다). 하나님의 모든 속성은 위격들 각각에게, 즉 성부와 성자와 성령께 속한다. 하지만 위격들을 구별할 때 어떤 속성들은 위격 중의 어느 한 분 안에서 더 많이 표현된다. 예를 들어 성경은 성부가 성자를 세상에 보내심을, 그리고 성자가 아버지의 뜻을 실행하심을 말한다(요 3:17; 5:30). 하나님의 계획은 현저하게 성부께 속한다. 그 계획은 성자에 의해 실행된다. 계획은 언제나 동일하다. 계획은 완벽하게 안정적이다. 그 계획이 실행될 때 새로운 사건들이 일어나기 때문에, 하나님의 창조성이 현저하게 드러난다.

따라서 우리는 성부를 하나님의 계획과, 또한 하나님의 안정성과 분명하게 결부할 수 있다. 우리는 나신 분인 성자를 하나님의 창조성과 분명하게 결부할 수 있다.[4] 하나님 안에 원래적인 또는 원형적인 구별이 있기 때문에, 가능성에도 그리고 하나님이 세상에서 행하시는 일에도 구별이 있을 수 있다. 또 다른 방식으로도 설명할 수 있다. 원래적인 사랑은 성부와 성자 간의 사랑이다. 이 사랑은 하나님이 세상에서 행동하실 때 표현된다. 하나님 안에 있는 원래적 구별은 하나님의 행동들 속의 구별에 반영된다.

이 구별은 진리의 특성에도 반영된다. 진리는 구별된다. 세상의 많은 사건에 대한 많은 진리가 있다. 더욱이, '가능한 진리'라 부를 수 있는 것들도 있다. 그것들은 이 세상에서 참되지 않지만 하나님이 달리 선택하셨다면 참될 **수도** 있었다. 이 사실은 또 다른 진리들로 이어진다. 만일 하나님이 달리 계획하셨다면 요시야가 즉위했을 당시 열 살이었을 수 있다는 사실이 가능하다는 것은 참되다.

우리는 진리의 구조에서 풍성한 지혜를 볼 수 있다. $2+2=4$로부터 추론할 수 있는 진리들을 기억해 보라.

   2+2=4
   2+2=4는 참되다.
   [2+2=4는 참되다]는 것은 참되다.
   [[2+2=4는 참되다]는 것은 참되다]는 것은 참되다.
   …

   2+2=4는 무한히 연속하여, 다른 진리들을 '낳는다.'
   창조성의 영원한 원형은 성자를 나게 하시는 하나님 안에 있다. 이 창조성은, 비유적으로 말하자면 한 진리가 또 다른 진리를 낳는 방식에 반영된다.
   또한 우리는 우리 집 앞뜰에 있는 참나무를 예로 들 수 있다.

   우리 집 앞뜰에 참나무가 있다.
   [우리 집 앞뜰에 참나무가 있다]는 것은 참되다.
   [[우리 집 앞뜰에 참나무가 있다]는 것은 참되다]는 것은 참되다.
   [[[우리 집 앞뜰에 참나무가 있다]는 것은 참되다]는 것은 참되다]는 것은 참되다.

적용

우리는 **이** 나무나 **이** 꽃이나 **이** 새를 주신 하나님께 감사드릴 수 있다. 우리는 달라질 수도 있었던 이것들에 대한 진리로 인해 하나님께 감사드린다.

5장

창조

창조론으로 관심을 돌려 보자. **창조**는 창세기 1장에서 묘사되었듯이, 세상과 그 안의 모든 것을 존재케 하신 하나님의 행동이다.

계획과 행위

세상을 창조하시려는 하나님의 계획은 세상의 기초가 놓이기 전, 영원 전부터 있었다(벧전 1:20). 그리고 그 계획은 제때에 실행되었다. 하나님은 자신의 계획에 따라 창조하신다.

우리는 창조론과 다른 교리들을 진리 관점에서 살펴보고 있다. 진리는 창조와 어떻게 연관되는가? 몇 가지 관계가 있다. 먼저 하나님의 창조성을 생각해 보자. 하나님은 창조적이시므로, 하나님이 아시는 진리들은 그의 창조성을 표현하며 나타내는 것이기도 하다. 우리가 아는 어떤 진리들은 놀랍다. 어떤 진리들은 예전에 짐작할 수 없었던 것들을 드러낸다. 내가 만일 나 자신을 천사라고 상상하고 하나님이 어떻게 세상을 창조하실 수 있는지를 생각한다면, 나는 그가 참나무를 창조하시리라고는 결코 짐작하지 못했을 것이다. 그가 우리 집 앞뜰에 심긴 특정한 참나무를 창조하시리라고는 결코 짐작하지 못했을 것이다.

우리가 진리 속에서 이따금 보는 창조성은 하나님께 속한 창조성을 반영한다. 하나님은 본질적으로 창조적이시다. 그가 세상을 창조하신 것은 그의 창조성 때문이다.

또한 우리는 하나님이 세상을 창조하셨다는 진리에 초점을 맞출 수 있다. 이 진리는 하나님의 계획 속에 영원히 존재한다. 하지만 우리가 이 진리를 숙고할 때, 우리는 그 속에 함축된 것들을 알 수 있다. 그중 하나는 어떤 것을 창조하시는 각각의 행위가 그 특정한 행위를 하기로 하나님이 계획하신 때에 실행되어야 한다는 것이다.

예를 들어 처음에 하나님이 천지를 창조하신다(창 1:1). 첫째 날에 빛을 창조하신다(창 1:3). 둘째 날에는 물과 물을 나누는 궁창을 창조하신다(창 1:6). 셋째 날에는 물을 한곳으로 모으시고 식물들을 창조하신다(창 1:9, 11). 이런 식으로 이어진다.

각각의 창조 행위에서 우리는 세 가지 국면을 볼 수 있다. 항상 존재하는 계획이 있다. 그다음에 진리가 나온다. 이 나감은 소통이다. 하나님이 말씀하신다. 그러면 그 명령에 반응하는 순종이 있다. 우리는 이런 류의 패턴을 창세기 1장에서 거듭 본다.

계획: 빛을 창조하시려는 계획 (창 1:3)
나감: 하나님이 "빛이 있으라"고 말씀하셨다. (창 1:3a)
반응: 그러자 빛이 있었다. (창 1:3b)

계획: 마른 땅을 창조하시려는 계획
나감: 하나님이 "천하의 물이 한 곳으로 모이고 뭍이 드러나라"고 말씀하셨다. (창 1:9a)
반응: 그러자 그렇게 되었다. (창 1:9b)

이 패턴은 시편 33장 6, 9절에서 요약된다.

여호와의 말씀으로 하늘이 지음이 되었으며
그 만상을 그의 입 기운으로 이루었도다 …
그가 말씀하시매 이루어졌으며
명령하시매 견고히 섰도다

진리의 소통의 원형이 하나님 자신 안에서 발견된다. 우리는 앞에서 의사소통 비유를 소개하면서 이를 살펴보았다. 이 비유에 따르면 성부는 화자이시고, 성자는 말씀이시며, 성령은 그 말씀을 목표 대상에게 전달하는 생기(호흡)이시다.

이 패턴은 하나님이 세상을 창조하기 위해 말씀하실 때 반영된다. 성부 하나님이 현저한 화자이시다. 이는 그가 말씀하시기 전부터 말씀하실 계획을 지니고 계심을 시사한다. 삼위일체의 제2위이신 말씀이 하나님이 말씀하심으로 표현되신다("빛이 있으라", 창 1:3). 성령이 임재하셔서 "수면 위에 운행"하신다(창 1:2). 그의 직접적인 임재가 세상에 효력을 발하신다. 하나님이 보내시는 말씀은 세상 만물 속에 새겨진다.

이 비유는 진리를 수반한 비유다. 하나님이 생각에 두시는 진리이고 그의 말씀을 보내시는 행동을 통해 말씀하시는 진리다.

앞에서 우리는 삼위일체 위격들 간의 독특한 관계를 묘사하면서 성경이 사용한 세 가지 주요 비유를 언급했다. 첫 번째 비유인 의사소통 비유는 창세기 1장에서 볼 수 있듯이 말씀하시는 하나님을 통해 친숙하게 다가온다. 두 번째 비유인 가족 비유는 우리가 성자에 대한 성부의 사랑에 초점을 맞출 때만이 아니라 세상을 위한 하나님의 행동들에 초점을 맞출 때도 그 의미를 드러낸다. 하나님은 아담과 하와를 한 가족으로 창조하셨다. 전 세계 역사에서 가장 특출난 행동은 그리스도를 통한 구속의 성취다. 이 성취와 관련하여, 성부는 계획하셨다. 성자는 그 계획을 성취하기 위해, 시공간 안에서 실행하기 위해 성부의 보냄을 받으신다. 성령은 이 일을 위해 필요한 것을 성자께 공급하신다(눅 3:22; 4:18). 또한 그는 믿는 자들에게 그리스도의 사역을 적용하신다. 그는 믿는 자들 속에 내주하심으로써 그들의 삶에 직접 임재하신다(롬 8:9-11). 성부와 성자와 관련된 가족 비유는 세상에서 행하시는 하나님의 구속 행동으로 설명된다. 이 행동에서 성부는 현저한 계획자이시고, 성자는 실행자 또는 성취자이시며, 성령은 적용하시는 분이다.[1]

이 행동 패턴은 하나님의 창조 사역에도 적용되었다. 성부 하나님은 현저한 계획자이시며, 또한 화자이시다. 말씀이신 성자 하나님은 성부로부터 받은 계명의 말씀으로 자신을 표현하시며 그 계획을 실행하신다. 성령 하나님은 그 말씀을 피조물에게 적용하기 위해 임재하신다(창 1:2). 그 결과 "그대로 되었다." 창조된 것들은 그 명령에 부합한다.

무로부터의 창조

창조와 관련한 한 가지 중요한 사실은 하나님이 처음부터 선재하는 물질을 전혀 필요로 하지 않으셨다는 것이다. 그는 무로부터 창조하신다. "태초에 하나님이 천지를 창조하시니라"(창 1:1). 골로새서 1장 16절은 그가 만물을 지으셨음을 단언한다. "만물이 그에게서 창조되되 하늘과 땅에서 보이는 것들과 보이지 않는 것들과 혹은 왕권들이나 주권들이나 통치자들이나 권세들이나 만물이 다 그로 말미암고 그를 위하여 창조되었고." 선재하는 물질이 없었다는 것은 하나님의 완전한 주권과 통제력을 강조한다.

부모부터의 창조는 진리에 대해 우리가 보아 온 것과 자연스러운 조화를 이룬다. 하나님의 생각 속에 있는 진리는 세상에 있는 모든 것에 앞선다. 진리로부터 피조물로의 이동이며, 그 반대로의 이동이 아니다. 진리 자체는 하나님으로부터 분리된 어떤 '것'이 아니다. 하나님의 생각의 내용이며, 그의 계획의 내용이다. 1장에서 보았듯이 진리는 신적 속성들을 지닌다.

목적을 지닌 창조

하나님의 진리는 포괄적이다. 하나님은 모든 진리를 지니시며 모든 진리를 아신다. 그는 우리 집 앞뜰에 있는 참나무에 대해 아신다. 마찬가지로 하나님의 계획도 포괄적이다. 그 계획은 처음부터 끝까지에 이른다(계 1:8; 21:6; 22:13).

창조에 대한 진리는 창조의 목적을 포함한다. 그것은 하나님의 영광을 드러낸다. 더욱이 하나님이 엿새 동안 일하시고 그다음 날에 안식을 취하신 패턴은 종말에 대한 암시를 내포한다. 하나님의 사역의 끝은 안식의 날이다. 인간은 주어진 일을 완료한 후에 마지막 안식에 들어갈 것이다(히 4:8-11). 그것은 곧 새 하늘과 새 땅이다(계 21:1).

창세기 1-2장과 과학

현대 과학의 영향으로 인해 사람들은 세상의 기원과 생명의 기원과 인류의 기원에 대한 현대 과학적 설명과 창세기 1-2장과의 관계에 의문을 갖는다. 이에 대해서는 다른 책들에서 더욱 상세히 논의했다.[2] 하나님의 생각 속에 있는 진리의 통일성은 성경이 말하는 내용과 세상에 관한 참된 것 간의 궁극적 통일성과 조화를 함축한다.

그러나 진리에 대한 인간의 지식은 제한적이며 죄와 타락의 영향을 받는다. 우리의 성경 해석은 틀릴 수 있으며, 과학자들의 작업도 틀릴 수 있다. 더욱이 20세기의 과학은 과학 법칙을 하나님이 세상을 인격적으로 통치하시는 방식에 대한 인간의 대략적 설명으로 보기보다는 비인격적 규칙으로 보는 세계관의 영향을 받아 왔다. 이 비인격적 관점은 우리가 하나님이 예외적으로 행동하실 수 있다고 믿을지 여부에 영향을 미친다. 전체 우주의 기원, 생명의 기원, 새로운 종류의 동물들의 기원, 무엇보다 인류의 기원과 같은 수많은 기원과 관련해 하나님은 예외적으로 행동하실 수 있었다.

적용

세상에 대한 진리는 피조물이 저마다 구체적인 목적을 지니며 하나님의 전체적인 목표에 기여한다는 진리를 포함한다. 그 목표란 새 하늘과 새 땅에서 그의 영광을 드러내는 것이다. 참나무는 하나님의 영광을 드러내기 위해 그에 의해 설계되었다. 하나님의 설계 안에 담긴 그의 지혜로 인하여 그를 찬양하자.

6장

섭리와 기적

섭리라는 말은 세상을 위한 하나님의 지속적인 돌보심을 가리키는 일반적인 용어다.

섭리의 의미

하나님의 섭리 사역은 그가 세상을 만드셨을 때 베푸셨던 돌보심의 연속이다. 온 세상의 배후에는 계획이 있다. 또한 하나님은 현재 세상을 다스리시며 세상의 미래를 위한 목적도 가지고 계신다. 세상에 대해 명시하는 진리가 하나님의 진리인 이유가 바로 그 때문이다. 그 진리는 계획과 목적을 담고 있다.

일반적으로 섭리에 대한 논의에는 유지, 협력, 통치라는 하위 부문이 포함된다.

첫째는 **유지**(sustenance)다. 하나님은 자신이 이미 만드신 것을 유지하신다. 이는 과거를 바라보는 진리의 측면이다.

둘째는 **협력**(concurrence), 즉 '함께 일하는 것'이다. 하나님은 현재 부차적인 원인들 안에서, 그리고 부차적인 원인들과 함께 일하신다(하나님은 세상에서 일어나는 각 사건의 **일차적인** 원인이시다. **부차적인** 원인은 세상의 사물들 간에 작용하는 원인이다). 하나님의 진리는 어떤 일이 일어나는지뿐 아니라 그 일이 **어떻게** 일어나는지도 명시한다. 그것은 부차적인 원인인 사건들 간의 연관성도 명시한다. 언제나 그렇듯이 하나님의 생각 속에 있는 진리는 그 진리에 따라 일어나는 사건들에 앞선다. 만일 그처럼 인과적인 연결이 있다는 것이 참되지 않다면 세상에서 일어나는 여러 사건 간의 인과적인 연관성이 있을 수 없다. 따라서 하나님의 명시와 통제는 사건뿐 아니라 세상에서 일어나는 여러 사건 간의 연관성에도 미친다.

예를 들어 욥기 1장에 묘사된 욥에게 일어난 재난은 모두 하나님의 영원한 계획 속에 있는 진리에 부합하는 방식으로 일어난다. 스바 사람들이 욥의 소나 나귀를 빼앗은 사건이(욥 1:14-15) 일어나기 전에, 그 일은 이미 하나님의 계획 속에서 참되었다. 또한 스바 사람들이 소와 나귀를 빼앗았기 때문에 그것들이 사라졌다는 것도 참되었다. 인과적인 연속성이 있었다. 소와 나귀를 보살피는 종들이 죽은 것은 스바 사람들이 갑자기 이르러 칼로 종들을 죽였기 **때문이다**(욥 1:15).

여기서 우리는 일차적인 원인인 하나님의 개입과 부차적인 원인의 진정한 작용을 볼 수 있다. 일차적인 원인으로서, 하나님은 그 모든 과정을 일으키셨다. 욥은 그 모든 일을 하나님이 행하셨다고 말한다. "주신 이도 여호와시요 거두신 이도 여호와시오니 여호와의 이름이 찬송을 받으실지니이다"(욥 1:21). 동시에, 스바 사람들과 그들의 칼과 같은 부차적인 원인도 있었다. 욥은 그들에 대해 들었다(욥 1:14, 16, 17, 18). 그는 그들의 존재를 부인하지 않는다. 그들은 실재했다. 사탄도 연루되었다(욥 1:12; 2:7).

끝으로 미래는 하나님의 목적에 의해 결정된다. **통치**(governance)는 하나님의 **의도적인** 사역을 가리키는 용어이며 미래의 목표를 시사한다. 사건은 그 미래를 향해 지시되거나 **제어된다**.

진리 개개의 근원은 하나님 안에 있다. 그것들은 의미를 지니며 목적, 곧 하나님의 목적을 지닌다. 따라서 진리 개개에는 세 측면이 있다. ① 근원, ② 의미, ③ 목적. 이들 세 측면은 섭리의 세 측면과 유비적으로 연관된다. 첫 번째 측면인 유지는 대상이나 사건과 이들의 과거 기원과의 관계에 초점을 맞춘다. 섭리의 두 번째 측면인 협력은 하나님의 사역과 부차적인 원인들에 초점을 맞춘다. 하나님은 현재 일하신다. 이 측면은 진리와 동시적으로 존재하는, 진리의 의미와 긴밀히 연관된다. 섭리의 세 번째 측면은 통치이며, 이것은 목적들에 초점을 맞춘다. 각각의 사건은 목적을 지니고 있으며, 이는 하나님의 각각의 진리가 하나님의 목적들과 연관되어 있다는 사실을 반영한다. 종합하면, 세 측면 모두에서 하나님의 섭리 사역은 진리가 작용하는 방식을 반영한다.

여기서 우리 집 앞뜰에 있는 참나무를 다시 예로 들 수 있다. 하나님은 도토리로 그 참나무를 창조하신 이후 그것을 유지하신다. 그 나무가 계속 존재하는 것은 하나님이 그 존재를 유지하시기 때문이다. 시간이 지남에 따라 점진적인 변화를 겪으면서도 그것이 같은 형태와 색깔을 계속 유지하는 것은 하나님이 그 나무를 유지하시기 때문이다. 둘째로, 하나님은 부차적인 원인들과 협력하신다. 비가 내린다. 태양이 잎을 비춘다. 물과 자양분이 뿌리로부터 줄기에까지 올라간다. 이것은 부차적인 원인들이다. 어느 시점에 나 자신이 부차적인 원인이 되어 그 나무를 옮겨 심는다. 이 모든 부차적인 원인은 실재한다. 하나님은 일차적인 원인으로서 부차적인 원인들과 **협력하신다**. 하나님이 이렇게 하시는 것을 우리가 아는 이유는 성경이 그것을 가르치기 때문이다. 하나님은 욥기 1장에서 일차적인 원인과 부차적인 원인 둘 다를 단언하신다. 시편 104장 16절은 이 두 유형의 원인을 더 구체적으로 알려 준다.

여호와의 나무에는 물이 흡족함이여
곧 **그가 심으신** 레바논 백향목들이로다

내가 참나무를 옮겨 심었을 때, 동시에 하나님이 그 나무를 옮겨 심고 계셨다. 내가 일할 때 하나님이 협력하셨다. 하나님이 협력하지 않으셨다면 나는 단 하나의 일도 할 수 없었을 것이다. 나의 일 가운데 그리고 나의 일을 통해, 하나님은 그 나무를 위한 자신의 영원한 계획을 실행하고 계셨다. 이 협력은 놀랍고도 신비롭다.

이와 유사한 방식으로, 하나님은 진리와 함께 계신다. 진리는 현재 의미를 지닌다. 진리는 그 자체의 의미를 표현하는 동시에 하나님의 의미이기도 하다.

기적

기적은 특별한 신적 목적을 지니고 우리의 경외심과 놀라움을 유발하는 기이한 사건이다. 어떤 이들은 기적이 자연법칙에 위배된다고 생각한다. 우리는 이 개념을 어떻게 생각하는가? 기적은 어떤 일이 일어날 것인지에 대한 우리의 기대에 **위배되며**, 세상의 규칙에 대한 우리의 판단이나 짐작에 위배될 수 있다. 하지만 기적은 하나님의 목적 안에 있다. 진리는 놀라울 수 있다. 진리는 하나님이 놀라우실 수 있음을 보여 준다. 또한 진리는 우리를 놀라게 하는 기적이 있을 수 있음을 보여 준다.

진리의 특성은 기적을 이해하도록 도와준다. 세상의 규칙에 관한 진리가 있다. 또한 기이한 것에 관한 진리가 있다. 이 두 종류의 사건은 동일하게, 세상에 관한 모든 진리를 포괄하는 하나님의 계획에서 비롯된다.

어떤 이들은 만일 우리가 기적의 가능성을 허용한다면 그것은 예측 가능성이나 합리성의 종말을 뜻할 것이라고 염려한다. 하나님은 그러니 세상에 규칙들을 정해 놓으시지만(창 1:11이 우리에게 상기시키는 것처럼) 이런저런 이유로 예외적인 사건들도 일어나게 하신다. 예외적인 것이 예외적인 한, 우리는 혼돈에 빠지지 않는다. 우리가 스스로 상기해야 하는 것은, 예외적인 것마저 하나님이 보시기에 이유가 있다는 것이다. 예를 들어 그리스도의 부활은 예외적이다. 실제로 부활이 일어났음을 믿지 않는 사람들을 포함하여, 모든 사람은 그 예외적 특성을 인식한다. 하지만 그것은 불합리하지 않다. 성경은 하나님의 목적 안에서 부활이 지닌 의의를 설명해 준다. 하나님은 그리스도의 순종을 옹호하고 보상하시기 위해 그를 부활시키셨다(빌 2:9-11). 이것은 우리의 새로운 생명과 몸의 부활을 위한 근거다(고전 15:44-49; 빌 3:21; 골 3:1-4). 따라서 그리스도의 부활이 어떻게 일어났는지에 대한 모든 것을 알지 못해도 우리는 그리스도의 부활이 세상을 위한 하나님의 나머지 목적들과 어떻게 조화를 이루는지를 알 수 있다.

마찬가지로 우리는 어떤 진리가 놀랍거나 예외적이라고 말할 수 있다. 그것은 덜 놀라운 진리들, 그리고 더 많은 사건들에 적용되는 규칙적인 패턴과 관련된 진리들과 조화를 이룬다.

적용

기적이 불합리하지 않다고 이해하는 것은, 기적에 대해 더 적극적인 관심을 갖게 하는 근거가 된다. 또한 그런 이해는 어느 특정한 기적에 담긴 하나님의 목적이 무엇인지를 보도록, 그리고 그것이 어떤 진리를 드러내는지를 탐구하도록 우리를 녹려한다. 종종 기적은 섭리 속에 드러나는 하나님에 대한 진리를 강조한다. 그러나 이 진리는 기적을 통해 더욱 극적으로 제시된다. 예를 들어 하나님은 사람들을 돌보시며 때로는 이생에서도 그들을 육체의 질병으로부터 구원하신다(시 103:3; 107:17-22). 섭리 안에서, 세계 역사 전체에서 일어나는 모든 치유는 하나님의 능력과 자비를 드러낸다. 예수님의 치유 기적은 치유의 특별한 사례들이다. 그것들은 그의 주장이 권위 있게 한다. 아울러 그것들은 하나님이 섭리적으로 치유하실 때 어떤 일이 일어나는지를 생생하게 보여 준다.

또한 우리는 치유나 다른 기적들이 전적으로 하나님께 달려 있음을 알 수 있다. 자연의 어떤 규칙 체계도 하나님의 개입을 막지 못한다. 따라서 우리는 우리에게 필요한 모든 것을 채워 주시기를 하나님께 담대히 기도할 수 있다.

7장

계시

계시를 진리 주제에 비추어 생각해 보자. **계시**는 진리를 드러내시는 하나님의 행위들을 묘사한다. 그가 보여 주시는 진리는 종류가 다양하다. 그는 자신을, 그의 성품에 대한 것을, 혹은 세상에 대한 진리를 인간에게 계시로 보여 주신다. 그는 우리 집 앞뜰에 참나무가 있음을 내게 보여 주셨다.

하나님과 관련한 계시

계시는 하나님으로부터 오며 하나님이 누구이신지를 반영한다. 계시는 진리를 표현한다. 그러므로 진리와 하나님의 관계에 대해 우리가 살펴본 것은 계시에 대한 고찰과 연관된다.

계시는 하나님을 표현한다. 따라서 의사소통 비유를 생각해 보자. 하나님은 진리이시며, 그의 진리는 말씀이신 성자 안에서 표현된다. 성부는 화자이시며 성자는 말씀이다. 이 패턴은 또한 하나님의 창조성을 드러낸다.

하나님이 세상에 또는 세상에 있는 사람들에게 무엇인가를 계시하시면 그의 창조성과 사랑을 드러내시는 것이기도 하다. 이런 창조적 표현은 영원한 말씀 안에 있는 영원한 창조성과 사랑의 표현을 반영하고 표현하는 것이다. 또한 우리는 계시가 진리이신 하나님을 반영하고 하나님의 계시가 진리를 드러낸다고 말할 수 있다. 그것은 이미 하나님 안에 영원히 존재하는 진리를 표현한다.

몇 가지 예를 생각해 보자. 하나님이 빛을 창조하실 때, 그는 자신이 빛이라는 사실을 창조 질서의 차원에서 드러내신다(요일 1:5). 창조된 빛은 하나님이 순수하심을, 그가 선하심을, 또한 그가 물리적 광채와 영적 광채의 근원이심을 상기시킨다. 그는 자신에 대한 진리를 계시하신다. 하나님에 대한 그러한 진리는 이미 참되지만, 계시가 그 진리를 우리에게 전해 준다.

창세기 3장 15절에서, 하나님은 이렇게 약속하신다.

내가 너[뱀]로 여자와 원수가 되게 하고
네 후손도 여자의 후손과 원수가 되게 하리니

여자의 후손은 네 머리를 상하게 할 것이요
너는 그의 발꿈치를 상하게 할 것이니라

이 말씀은 하나님을 계시하고 미래 세상에 일어날 일에 대한 진리를 계시한다. 아담과 하와는 자녀 없이 죽어 마땅했으므로, 이것은 하나님이 자비로우심을 보여 준다. 하나님이 뱀을 이기실 것이므로, 이것은 하나님의 권능을 보여 준다. 하나님이 여자의 "후손"인 그리스도(갈 3:16)를 통해 실제로 구속을 성취하실 때, 하나님은 자신이 신실함을 보여 주신다. 그는 뱀이 초래한 악을 끝장내심으로써 자신의 도덕적 선을 보여 주신다. 또한 창세기 3장 15절에서 약속하듯이, 하나님은 아담과 하와가 후손을 얻을 것임을 보여 주신다. 이 모든 진리는 이미 참되었지만, 하나님의 약속은 듣는 사람들이 그 진리에 접근할 수 있게 해 준다.

하나님이 나무들을 아름답게 만드셨다. 따라서 나무들을 통해 하나님은 자신이 아름다우심을 보여 주신다. 어떤 의미에서 모든 나무는 에덴동산에 있는 생명나무를 상기시킨다(창 2:9; 3:22, 24). 그 나무들은 살아 있음으로써, 생명을 존속시키는 열매나 목재나 다른 유용한 산물을 우리에게 줌으로써 하나님의 선하심을 입증하고 계시한다. 그것들은 하나님이 살아 계신 하나님이심을, 오직 그 안에서만 영생이 발견될 수 있음을 우리에게 상기시킨다.

계시의 방식

삼위일체 위격들 간의 관계를 설명하는 세 가지 주요 비유, 즉 의사소통 비유, 가족 비유, 반영 비유를 기억해 보자. 이 세 가지 비유는 서로 맞물려 계시의 방식을 드러낸다. 계시는 언어적 계시일 수 있으며, 이는 의사소통 비유에 상응한다. 계시는 다스리며 보살피는 계시일 수 있으며, 이는 가정 안에서 일어나는 다스림과 보살핌에 상응한다. 가족 비유는 적절하다. 계시는 임재, 특히 하나님의 현현처럼 가시적인 임재 속의 계시일 수 있다. 이 계시의 양식은 반영 비유에 더 긴밀히 상응한다. 또한 우리는 직접적인 수신자가 누군지에 따라 특별 계시와 일반 계시를 구분할 수 있다. 하나님 자신이 충만한 진리이시므로, 그는 한 사람에게 또는 많은 사람에게 진리를 계시하실 수 있다. 만일 그가 한 사람에게나 소수의 사람에게 진리를 계시하시면, 우리는 그것을 **특별 계시**라 부른다. 만일 그가 온 세상에 진리를 계시하시면(해와 달과 별들과 창조된 질서를 통해 하시듯이. 롬 1:18-25), 그것은 **일반 계시**라 불린다.

하나님은 참되시다. 그의 진리는 참되다. 또한 그의 계시는, 언어적 계시와 비언어적 계시 둘 다 참되다. 오류가 섞이지 않았다.

한 가지 중요한 설명을 덧붙여야 한다. 자연과학의 작업은 일반 계시에 자신을 노출하는 인간의 일이다. 일반 계시 자체는 참되다. 하지만 인간인 과학자들이 이 계시를 받아들이며 인식하는 방식에 오류가 없는 것은 아니다.[1]

성경

성경은 어떤 지위를 갖는가? 성경이 하나님의 말씀임을 확립하고 확증하려면 긴 우회로를 지나야 할 것이다. 성경의 여러 본문을 언급할 수도 있을 것이다. 이 일을 위한 책들은 따로 있다. 이 책의 목적을 위해, 간략한 요약으로 만족하려 한다. 예수님은 "아버지의 말씀은 진리니이다"(요 17:17)라고 말씀하신다. 요한복음의 이 구절 앞부분에서, 예수님은 자신의 말씀이 하나님의 말씀임을 언급하신다. "나는 아버지께서 내게 주신 말씀들을 그들에게 주었사오며"(요 17:8). 예수님의 말씀은 참되다. 그는 진리이시다(요 14:6). 요한복음 10장 35절에서 예수님은 하나님의 말씀이 구약 시대에 주어졌음을 언급하신다. 마태복음 5장 17절에서 그는 율법과 선지자들이 하나님의 말씀임을 직접적으로 언급하신다(비교. 마 19:4-5). 예수님으로부터 임명받은 사도들은 그의 권위를 계속 이어 간다.[2]

그렇다면, 성경은 하나님의 말씀이다. 하나님의 모든 말씀은 참되다(잠 30:5). 우리는 그것이 참됨을 기대해야 한다. 하나님의 말씀은 진리이신 하나님을 반영하고 표현하기 때문이다.

성경의 진리를 의심하는 사람들은 대개 예수님이 가르치신 진리에도 의심을 품는다. 왜냐하면 예수님은 구약성경이 신적 권위를 지닌다고 가르치셨기 때문이다. 현대의 문화적 분위기는 하나님이 유한한 인간과 실제 언어적 담론을 하실 수 있다는 생각에 적대적이다. 우리는 이런 적대감을 있는 그대로 인정해야 한다. 그것은 대체로 적대감이다. 많은 서구인이 성경의 한 구절도 읽어 본 적이 없으면서도 그런 적대감을 갖는다. 이미 그들은 신적 음성이라는 개념을 거부하는 문화적 분위기의 영향을 받고 있다. 따라서 그들의 실제적인 문제는 성경이 아니다. 문제는 성경 속 **하나님**이다.[3] 그는 말씀하시는 하나님이다. 예수님이 하나님이 구약성경에서 말씀하셨음을 받아들이셨으므로, 그들은 예수님과 다퉈야 한다.

적용

계시의 존재는 하나님이 우리에게 보여 주시는 것에 주의 깊고 세심하고 순종함으로 응답하도록 우리를 격려하며 우리에게 동기를 부여한다. 이 같은 응답은 일반 계시와 특별 계시 둘 다에 적합하다. 하지만 우리 자신의 상황과 마음에 정직할 때, 우리는 합당한 수신인이 아님을 인정해야 한다. 우리는 하나님께 감사하지 못한다. 우리는 이기적인 이익을 위해 우리가 받은 것을 왜곡한다. 이러한 실패는 우리에게 구속이 필요하다는 증거다. 따라서 이어지는 장들에서는 우리의 타락하고 죄 있는 상태를, 그리고 하나님이 실제로 어떻게 구속을 이루시는지를 다룰 것이다.

2부

/

인간론

8장

인간의 기원과 특성

인간의 기원은 하나님의 계획에 따른 것이다. 하나님의 계획은 하나님의 진리의 한 측면이다. 따라서 인간 창조는 하나님 안에 있는 진리에 따른 것이다.

말씀하시는 하나님

하나님은 자신의 계획을 실행하기 위해 말씀하신다. 말씀하신 진리는 자연히 이미 존재하는 진리, 곧 하나님의 생각 속에 있는 진리에 부합한다. 계획과 말씀의 이 부합성은 하나님이 만드신 모든 것에 적용된다. 하나님이 인간을 창조하신 경우도 마찬가지다.

우리는 하나님이 인간을 만드신 방법에 어떤 **세부 사항**들이 수반되었는지를 단지 일반적인 원칙들로만 말할 수는 없다. 하나님은 창조적인 지혜를 지니고 계신다. 그는 한 가지 이상의 방법으로 창조하실 수 있다. 따라서 만일 우리가 더 많이 알고자 한다면 성경 속에서 그 세부 사항들을 살펴보아야 한다.

하나님과 소통하는 인간

인간은 다른 모든 피조물과 마찬가지로 진리를 표현하는 하나님의 말씀의 능력으로 구체화되고 생겨났다. 우리는 하나님이 진리,

곧 그로부터 나오는 진리를 받아들이며 감지할 수 있도록 우리를 만드셨음을 알 수 있다. 그러므로 우리는 진리를 받아들이고 따를 수 있는 피조물이어야 한다. 진리의 기원은 하나님께 있다. 따라서 진리를 받아들이는 것은 하나님과의 친교를 수반한다. 말하자면 그것은 성부와의, 성자와의, 성령과의 친교를 수반한다. 우리는 **인격적인** 피조물이며, 피조물의 차원에서 하나님의 인격성에 걸맞은 존재다.

그렇다면 우리는 피조물의 차원에서 삼위일체 안에 있는 진리의 원형적 소통을 반영해야 함을 알 수 있다. 우리가 어떤 의미에서 하나님의 형상이라고 말하는 것은 삭은 한 걸음에 지나지 않는다. 예를 들어 우리는 진리가 우리 가운데 있는 방식으로 하나님을 반영한다. 또한 우리는 피조물의 차원에서 우리가 서로에게 말하며 의사소통할 수 있음을 볼 수 있다. 그렇게 할 때 우리는 삼위일체 안의 원형적인 대화를 모방하는 것이다.

하나님의 진리는 사물들과 사건들을 진리에 부합시키는 능력과 결부되어 있다. 파생적으로, 하나님을 모방하여 우리에게는 진리를 말하는 능력과, 제한적이기는 하나 세상을 형성해 가는 능력이 있다. 창세기 1장 26, 28절이 더욱 구체적으로 설명한다. 하나님이 우리에게 **통치권**을 주신다. 통치권의 한 측면으로서, 아담은 에덴동산을 경작하고 지켜야 했다(창 2:15). 후에 아담은 짐승들의 이름을 짓는 일을 맡는다.

여호와 하나님이 흙으로 각종 들짐승과 공중의 각종 새를 지으시고 아담이 **무엇이라고 부르나** 보시려고 그것들을 그에게로 이끌어 가시니 아담이 각 생물을 부르는 것이 곧 **그 이름이** 되었더라 아담이 모든 가축과 공중의 새와 들의 모든 짐승에게 이름을 **주니라** 아담이 돕는 배필이 없으므로(창 2:19-20)

아담이 짐승들의 이름을 짓는 것은 짐승들을 다스리는 권한 행사의 한 형태다. 그는 창세기 1장에서 하나님이 이름을 지으신 사실을 모방한다(5, 8, 10절). 진리를 알고 말하는 우리의 능력은 짐승과 대조적으로 우리에게 있는 고유의 통치 역할과 자연히 결부된다. 그렇다. 짐승들은 신호를 위해 경고의 울음이나 소리를 낸다. 개미들은 서로에게 화학적 신호를 보내며, 꿀벌들은 춤으로 소통한다. 하지만 이 짐승들 가운데 인간의 깊고 복잡한 소통에 견줄만한 것은 없다. 이 점에서 인간의 능력은 신적 능력을 모방한다.

1장에서 우리는 진리가 우리의 충성을 절대적이고 도덕적으로 요구함을 보았다. 진리는(그리고 진리의 하나님은) **도덕적** 차원을 지닌다. 그렇다면 아담과 하와가 도덕적 책임을 지닌 인간으로서 등장하는 것은 놀라운 일이 아니다. 하나님은 순종을 기대하신다. 그 순종은 우리가 하나님의 거룩성과 순수성을 반영해야 한다는 일반적인 원칙을 포함한다. 또한 하나님은 선악을 알게 하는 나무와 관련한 구체적인 명령을 아담에게 주신다(창 2:17).

덧붙이자면, 도덕성은 종교와 긴밀한 관련이 있다. 생명나무의 존재가 암시하듯이(창 2:9), 인간은 하나님과 친교를 나누도록 설계되었다. 이 나무는 아담과 하와가 하나님의 임재 안에서 생명을 누려야 했음을 상징했다. 하나님의 임재 안에서의 삶은 진리 안에서의 친교를 포함한다.

하나님의 형상인 인간

창세기 1장 26-27절에서 성경은 인간에 대해 더욱 구체적으로 언급한다. 하나님은 "우리의 형상을 따라 우리의 모양대로"(비교. 창 5:3) 사람을 만들 것을 말씀하신다. "형상"과 "모양"의 의미, 그리고 이 단어들의 함의에 대해서는 많은 논의가 있다. 이 논의를 길게 다루는 것은 우리의 주요 목적에서 벗어날 것이다.

그러나 우리는 하나님의 진리에 대해 이미 고찰한 바에 근거하여 몇 가지를 살펴볼 수 있다. 앞에서 우리는 삼위일체 위격들 간의 관계를 설명하기 위해 성경이 세 가지 주요 비유, 즉 의사소통 비유, 가족 비유, 그리고 반영 비유를 사용함을 보았다. 첫 번째인 의사소통 비유가 진리 주제와 가장 긴밀하고 분명하게 연관된다. 하지만 두 번째와 세 번째 역시 연관성이 있다. 성부와 성자는 가족 사랑을 공유하신다. 이 사랑의 한 측면으로, 성부와 성자는 성령과 하나님의 진리를 공유하신다. 또한 반영은 반영하는 진리를 공유한다. 원래의 진리를 **원형**이라 부르자. 그것은 파생된 현현에 반영된다. 우리는 이 반영을 **모형**이라 부를 수 있다. 원형적 진리는 모형적 진리에 반영된다.

반영 주제는 하나님의 형상에 대한 표현과 긴밀히 연관된다. 자연스레 핵심 구절 속 "형상"과 "모양"이라는 용어의 의미가 겹친다고 본다면, 이 둘은 인간이 어떤 측면에서 하나님을 반영함을 단언하는 것이다. 사실 인간은 여러 면에서 하나님을 반영한다. 반영의 모든 측면은 정체성보다는 유사성을 수반한다. 우리는 피조물이며 창조주가 아니다. 하지만 우리는 인격이 있고, 진리를 알 수 있고, 의사소통하며, 통치력을 행사할 수 있다는 점에서 창조주와 유사하다.

인간은 하나님의 형상이다. 하지만 그는 모형적 형상이다. 원형적 형상은 성자이시다. 그는 "보이지 아니하는 하나님의 형상"(골 1:15)이시며 "그 본체의 형상"(히 1:3)이시다. 형상에 대한 이런 표현은 인간이 하나님을 반영함을 단언하는 한 가지 주된 방식이다. 반영의 실제는 표현된 진리가 그것이 표현하는 진리를 반영한다는 사실과 조화를 이룬다. 우리가 아는 진리는 하나님이 계시다는 진리와 그가 아시는 진리를 반영한다.

아담과 현대과학의 주장들

현대과학의 주장들로 인해 사람들은 어떻게 창세기 1-3장이 점진적인 진화 개념과 연관되는지 의문을 갖는다. 세부 사항에 대해서는 다른 책들을 보길 바란다.[1] 현대과학의 주된 반응은 창조론에 대한 것과 동일하다. 그러나 진리는 통일되어 있다. 하나님은 예외적으로 기적을 행하실 수 있다. 아담과 하와를 창조하신 것은 오랜 세월에 걸친 점진적 과정이 아니라 그의 특별한 사역이었다. 만일 하나님이 계시지 않다면, 혹은 하나님이 개입하시지 않는다면, 어떤 점진적 과정을 가정하는 것 외에는 그럴듯한 대안이 없을 것이다. 점진적 과정에 대한 이야기가 우리에게 들리는 이유가 바로 이 때문이다.

적용

인간의 존엄성은 우리가 하나님의 형상으로 지음받았고 하나님과 소통할 수 있다는 사실을 의미한다. 우리가 피조물로서 지닌 존엄성은 신체적 크기의 문제가 아니라 인격적 의의의 문제다. 인간 창조의 이야기는 우리가 자신의 은사는 물론이고 다른 사람들이 지닌 모든 은사에도 감탄하게 한다. 궁극적으로 그 은사는 하나님으로부터 온다. 그것들은 우리 것이 아니며 우리가 창조한 것도 아니다. 따라서 하나님께 속한 영광을 가로채는 교만의 근거는 없지만 감사와 감탄의 근거는 있다.

  우리의 수치가 이 존엄성과 함께한다. 우리는 반역으로 하나님의 형상을 손상해 왔다. 그러므로 우리에게는 자신이 누군지에 대해 하나님께 감사하고 자신이 된 바에 대해 한탄할 많은 이유가 있다. 그 한탄은 구원의 필요성을 암시하며, 이 주제는 여전히 논의해야 할 주제다.

9장

원시 언약

처음부터 하나님은 자신의 계획의 한 측면인 목적을 지니셨다. 그는 인간을 창조하신 목적을 지니셨다. 그 목적의 핵심은 사람이 하나님과 더불어 인격적 친교를 맺게 하시는 것이었다.

두 나무

창세기 2장 9절에 따르면, 에덴동산에는 특별한 나무 두 그루가 있었다. 생명의 나무와 선악을 알게 하는 나무 둘 다 하나님과의 친교의 측면을 상징하는 역할을 한다. 생명에는 친교가 있어야 한다. 하나님은 인간에게 생명을 주시고, 인간은 하나님 안에 있는 원형적 생명과 친교를 누린다.

생명은 진리와 밀접하게 연관된다. 예수님이 우물가에서 사마리아 여인에게 말씀하시면서 그에게 영생을 제시하신다(요 4:14). 그가 영생을 요청하면 영생이 그에게 주어질 것이다(요 4:10). 동시에, 예수님은 생명에 관해서 설명하신다. 생명은 마법이 아니라 예수님과의 친교를 통해 온다. 이 친교는 말씀으로 설명된다. 그 말씀은 진리이신 예수님으로부터 온다(요 14:6). 예수님은 자신을 언급하시는 한 구절에서 길과 진리와 생명이라는 주제를 함께 제시하신다. "내가 곧 길이요 진리요 생명이니 나로 말미암지 않고는 아버지께로 올 자가 없느니라"(요 14:6). 이 구절에서 길은 하나님 안에 있는 진리에 이르는 길이며, 생명(영생)에 이르는 길이다.

선악을 알게 하는 나무 또한 진리 및 하나님과 함께하는 생명과 긴밀하게 연관된다. 그 나무의 직접적인 역할은 생명나무와 정반대된다. 그 나무는 아담과 하와가 나무의 열매를 먹는 편을 택하면 그들을 죽음으로 이끈다. 이 외에도 주해가들은 그 나무의 의미의 일부 측면에 이의를 제기한다. 하나님이 하나의 시험으로서 그 나무를 동산에 두시고 특정 금지 사항을 말씀하신 것으로 보인다. 그 시험을 통해 아담과 하와는 선악을 아는 지식을 얻을 것이다.

그들은 하나님의 도덕적 기준에 따라 선악을 분별하는 더 큰 도덕적 성숙으로 나아가야 한다. 하지만 그 결과는 두 가지 중 하나로 나타날 수 있다. 만일 그들이 마귀의 유혹에 넘어가면, 그들은 선악을 알게 된다. "보라 이 사람이 **선악을 아는 일**에 우리 중 하나 같이 되었으니"(창 3:22). 아담과 하와가 하나님처럼 되기를 바라지만 그 결과 그들은 원래 지위보다 더 아래로 떨어지기 때문에 이 핵심 구절은 부분적으로 반어적인 구절임이 틀림없다. 하지만 그것은 부분적으로만 반어적이다. 그들은 도덕적 영역에서 경험적 지식을 얻어 성장한다. 그러나 그릇된 방식으로, 불순종의 방식으로 성장한다. 그들은 불순종의 경험을 통해 선악을 **배운다**(알게 된다). 반면에 만일 그들이 마귀의 제안을 거부했다면, 순종을 통해 성장했을 것이다. 그들은 순종하며 유혹을 거부하는 것이 무엇을 뜻하는지를 **경험하고** 그 경험을 통해 **배웠을** 것이다. 선을 행함으로써 선을 배웠을 것이다. 그들은 유혹을 유혹이라 규정하고 그것을 거부하기를 배움으로써 악을 배웠을 것이다.

  이 모든 측면은 진리의 문제다. 그 나무는 구체적으로 선악에 대한 **지식**의 나무다. 인간은 진리 안에서 하나님과 친교를 나눈다. 인간이 유혹을 경험할 때 그 유혹은 하나님을 의지하고, 하나님의 말씀을 의지하고, 하나님께 가까이 나아가며, 또한 하나님 말씀의 진리와 선함을 더욱 확신하는 기회가 되었어야 했다. 유혹의 과정 속에서 친교가 더 강해졌어야 했다. 하지만 사실상 아담은 실패했다. 타락으로 하나님과의 친교가 무너졌다. 진리와의 친교가 무너졌다. 아담은 하나님의 참되심과 선하심에 대한 진리를 믿는 일에 실패했다.

언약이 어디에 있는가?

주해가들은 타락 전의 상황을 어떻게 묘사할 것인지, 그 상황에서 하나님과 인간 간에 언약이 있었다고 이해해야 하는지 의견이 분분하다. 일반적으로 **언약**을 가리키는 히브리어가 창세기 2-3장에는 나오지 않는다. 하지만 반드시 그래야 하는 것은 아니다. 우리가 묻는 것은 오히려 하나님과 인간 간의 친교 개념이다. 또한 그 친교가 도덕적 차원을 담고 있는지를 묻는다. 아담과 하와에 대한 하나님의 행동에는 도덕적 차원이 담겨 있는가? 아담과 하와가 하나님과 관련해 보인 행동에도 도덕적 차원이 담겨 있는가?

분명 그러하다. 진리는 도덕적 차원을 담고 있다. 진리는 도덕적으로 절대적이다. 아담과 하와가 진리를 받은 자들이라면, 그들은 의무를 지닌다. 그들은 은사를 받은 자들이다. 아담이 창조되자마자 이 원칙이 적용된다. 하와가 창조되었을 때도 마찬가지다. 그들은 세상에 대한 진리들을 인식하고 있다.

그러나 도덕적 차원은 더 명백해질 수 있다. 하나님이 말씀하실 때 그것은 더 명백해진다. 그는 말씀으로 진리를 전하신다. 그가 전하시는 진리는 그 자체에 도덕적 차원이 담겨 있다. 따라서 우리는 도덕적 책임의 네 단계를 설정해 볼 수 있다.

① 아담이 창조되자마자 그가 일반 계시를 통해 세상에 대한 진리들을 얻기 시작했다는 사실에 따른 도덕적 책임

② 하나님이 아담에게 말씀하시는 모든 것을 경외와 순종으로 받아들여야 하는 도덕적 책임
③ 창세기 1장에 표현된, 번성과 통치를 위한 하나님의 계획에 따라 행동해야 한다는 도덕적 책임
④ 창세기 2장 17절에 제시된, 선악을 알게 하는 나무에 대한 구체적인 지침에 따라 행동해야 한다는 도덕적 책임

이들 네 단계는 모두 하나님과 인간 사이의 인격적이고 책임 있는 관계에 대한 진리를 표현한 것이다. 이 단계는 서로 분리되어 있지 않다. 왜냐하면 이들은 하나님의 포괄적인 계획 안에 하나로 속해 있기 때문이다. 하나님이 아담을 처음 창조하셨을 때(창 2:7), 1장 26, 28절과 2장 17절에서 구체적으로 명시하신 목적을 이미 염두에 두고 계셨다. 그 목적은 나중에 생각하신 것이 아니다. 더욱이 우리가 앞에서 보았듯이 장기적인 목표, 즉 새 하늘과 새 땅에서 하나님의 영광을 드러내신다는 목표가 있다. 그 목표는 일곱째 날에 하나님이 안식하신 데 암시되어 있다.

어떤 이들은 언약은 성경에서 '언약'(히브리어, ברית)이라는 단어를 사용할 때만 존재한다고 말하고 싶을 수 있다. 그 기준에 따르면 언약은 창세기 1-2장에는 존재하지 않는다. 그 구체적인 단어가 거기 없기 때문이다. 다른 이들은 공식적인 비준 예식과 같은, 이후의 언약과 결부되는 모든 특징이 명확히 있을 때만 언약이 있다

고 말하고 싶을 수 있다. 그 경우에 우리는 하나님과 인간 간의 원래 관계를 가리켜 언약이라 할 만한 충분한 정보를 갖고 있지 않다. 하지만 이후의 명확한 언약들과 유사한 몇 가지 특징이 여전히 존재한다. 예를 들어 이후의 언약들에서처럼 하나님과 인간 간의 이 초기 관계도 개인적인 약속과 책임을 수반한다. 이후의 언약들에서처럼 하나님의 말씀에는 소위 '약정', 즉 기대되는 구체적 조항이 있다. 하나님은 "선악을 알게 하는 나무의 열매는 먹지 말라"(창 2:17)고 구체적으로 말씀하신다. 따라서 이것은 기술적 논의의 맥락에서 우리가 **언약**이라는 단어를 더욱 넓게 사용하길 원하는지 아니면 더 좁게 사용하길 원하는지의 취향 문제다. 나는 이후 단계들과의 유사성을 강조하기 위해 이 초기 단계들과 관련하여 **언약**이라는 단어를 사용한다.

이 유사성 또한 진리 개념과 결부된다. 창세기 2장의 상황에서 하나님은 아담에게 진리를 전하신다. 그 진리 안에는 도덕적, 종교적 의무가 내재해 있다. 따라서 이후의 언약들에서 표현된 진리들은 아담의 타락 이전 상황에서 표현된 진리들과 일치한다.

상금과 징벌

창세기 2장 17절은 징벌을 분명히 밝힌다. "반드시 죽으리라." 생명나무라는 명칭은 그 명칭이 또한 결과를 명시함을 암시한다.

그것은 생명의 약속을 상징한다. 두 나무를 함께 생각할 때 우리는 생명의 상징(긍정적인 것)과 죽음의 상징(부정적인 것)을 본다. 실제로 두 나무는 생명과 죽음과 연관된다. 생명나무는 긍정적 측면인 생명을 분명히 강조한다. 반면 이 나무로부터 차단되는 것은 죽음을 상징할 것이다. 창세기 3장 22-24절에서 그런 일이 실제로 일어난다. 선악을 알게 하는 나무는 죽음의 위협과 직결된다. 창세기 2장 17절에서 하나님이 이 나무의 열매를 먹지 말라고 경고하실 때 그것을 먹으면 죽음이라는 결과를 맞을 것이라고 말씀하신다. 따라서 부정적인 측면인 죽음이 강조된다. 그러나 만일 아담과 하와가 그것을 먹지 않으면 삶을 지속할 것이라는 뜻이 간접적으로 암시된다. 그들의 순종은 하나님과 친교하는 삶을 고조할 것이었다.

또한 우리는 상급과 징벌의 상징을 볼 수 있다. 인간에게는 마치 하나님과 동등한 것처럼 상급을 받을 '자격이' 결코 없다. 그러나 하나님은 자신의 성품에 부합하는 방식으로 상급과 징벌 둘 다를 제시하신다. 순종과 생명의 연관성은 하나님의 성품에 부합하며 그것을 반영한다. 그는 영원한 생명을 지니셨다. 그에게 순종하는 삶은 진리와 교류하는 삶이다. 진리는 순종해야 하는 계명을 포함한다(신 5:33; 6:2; 32:46-47).

의와 진리는 함께한다. 원형으로서의 진리는 표현되는 진리 안에 반영된다. 의도 대칭성을 지닌다. "네가 행한 대로 너도 받을 것인즉"(욥 15). 만일 우리가 하나님 안에 있는 진리와 생명에 따라

살면, 진리와 생명이 우리에게 이루어지고 생명과 진리를 풍성하게 받을 것이다. 이 결과는 선을 행하기를 기뻐하시는 하나님의 풍성하심과 은혜와 일치한다. 또한 그것은 그의 의와 일치한다. 그의 의와 일치하므로 순종에 대해 상급을 주신다는, 하나님에 대한 진리와 일치한다. 구약성경과 신약성경 둘 다 하나님이 순종에는 상을 주시고 불순종에는 징벌을 내리심을 알려 준다(창 4:7, 11-12; 6:13, 18, 22; 마 6:1, 20 등).

불순종은 죽음으로 이끈다. 인간의 불순종이 무엇인가? 불순종은 할 수 있다면 하나님을 멸할 것이다. 모든 불순종은 자신을 궁극적인 신으로 높임을 함축하기 때문이다. 불순종은 암암리에 "내가 신이 될 것이다"라고 말한다. 불순종의 생각은 뱀이 하는 말에 따른다. "너희가 그것을 먹는 날에는 너희 눈이 밝아져 하나님과 같이" 될 것이다(창 3:5). 만일 어떤 사람이 자신이 하나님이라 생각하면 그는 하나님이 하나님이시지 **않게** 하려고 시도하는 셈이다. 그는 하나님의 하나님 되심을 멸하려 한다. 그 결과는 의의 원칙에 따른다. "네가 행한 대로 너도 받을 것인즉"(옵 15). 하나님은 합당한 징벌을 통해 그의 의를 반영하신다. 반역을 일으킨 사람을 하나님이 멸하신다. 이는 그가 하나님을 멸하려 했기 때문이다. 하나님과 교류하는 생명의 반대인 죽음은 파멸이 취하는 형태다. 지옥은 죽음의 최종적이며 절정인 표현이다(계 20:14).

창세기 2장 9절과 17절에는 행위와 그 결과에 대한 분명한 가르침이 나온다. 우리는 이 분명한 가르침이 진리와 의와 생명이신 하나님의 성품과 조화를 이룸을 볼 수 있다. 제안(계명), 시험(순종이나 불순종), 보응은 하나님의 성품의 특성을 따른다.

부분적인 지식을 인정함

창세기 2-3장이 우리가 알고 싶어 하는 모든 세부 사항으로 가득하지 않다는 점을 덧붙이는 것이 중요하다. 신비한 채로 남아 있는 것이 많다. 이 본문은 신중하게 해석할 것을 요구한다. 우리는 그 내용이 비교적 드문드문함을 인성한다. 우리는 하나님이 이후의 계시들로 보완하려 하심을 인정한다. 이 계시들은 일어난 사건들에 대한 좀 더 세부적인 내용을 첨가하지는 않지만, 언약적 명령과 의무와 순종과 불순종의 일반적 패턴을 담고 있음을 확인시켜 준다. 또한 우리는 순종이 마음에서 솟아나는 것이라고 말할 수 있다. 불평하는 마음을 숨긴 채 겉으로만 하는 순종은 받아들여질 수 없다. 마음 차원의 근본적인 문제는 우리가 하나님을 사랑하는지 여부다(신 6:5). 우리는 그의 말씀이 참되며 우리의 유익을 위한 것임을 신뢰하는가? 아니면 하나님이 우리에게 유익한 그 무엇을 보류하고 계시다며 은근히 미혹하는 뱀에게 귀 기울이는가?

아담에게 주어진 시험은 진리(하나님의 진리)에 귀 기울일 것인가 아니면 거짓(마귀의 거짓)에 귀 기울일 것인가다. 진리는 생명으로 이끈다. 거짓의 길은 죽음으로 이끈다.

이후의 언약들과 유사성을 지닌 문맥에서 생명과 죽음의 두 측면이 분명히 언급된다. 이후의 언약들에서 하나님은 진리를 구체적으로 밝히신다. 그것은 하나님과 인간의 관계에 관한 진리, 하나님께 대한 인간의 의무에 관한 진리다. 그 말씀은 구속력이 있는 말씀, 결과를 가져오는 말씀이다.

언약의 틀

하나님과 인간 간의 이 언약적 관계는 그리스도의 구속 사역을 이해하게 하는 틀을 제공한다. 그리스도께서는 하나님과의 언약을 지키시고, 모든 의를 이루시고(마 3:15), 그리스도를 믿음으로 말미암은 구원을 약속하는 은혜의 언약 속으로 우리가 들어가게 하시려고 마지막 아담으로 오셨다(고전 15:44-49).

적용

창세기 3장의 사건은 오늘날 우리에게도 적용되어 생명과 죽음에 대한 물음으로 다가온다. 따라서 우리는 죄의 위험을 마음에 새겨야 한다. 오직 구속만이, 죄악된 마음과 행위로 인해 우리가 이미 들어가 있는 상태인 죽음으로부터 우리를 구원할 것이다.

10장

타락

아담과 하와는 하나님이 분명 하지 말라고 말씀하신 것을 했다. 그들은 특별한 과일을 먹었다. 죄를 범했다. 반역했다. 그들은 스스로 신이 되려 했다.

진리 변조

어떻게 그들이 그런 행동을 할 수 있었을까? 그들은 모든 것을 지니고 있었다. 그들이 하나님의 신실성과 진실성과 사랑을 의심하게 한 것은 무엇일까? 그렇다. 뱀이 그들을 유혹했다. 하지만 그들이 그 유혹에 굴복한 이유에 대해서는 궁극적 설명이 불가하다.

그들은 선하게 창조되었다(창 1:31). 우리와는 달리, 그들은 외부의 유혹에 호응하게 할 수 있는 내면적인 죄악의 성향을 지니고 있지 않았다.

하지만 그들이 죄를 범했을 때도 하나님의 세상에서 사는 그들의 삶은 중단되지 않았다. 그들은 세상에 존재하길 멈추지 않았다. 세상은 여전히 진리, 곧 하나님의 진리에 의해 일컬어졌다. 죄가 모든 면에서 진리를 회피하지는 않는다. 죄는 진리의 곡해 또는 진리의 왜곡이다. 왜곡은 여전히 그럴듯하다. 그것은 매력적이기 위해 여전히 진리의 단편을 지니고 있다. 요한계시록에서 사탄은 하나님의 본성과 하나님의 진리를 **위장한다**. 요한계시록에는 삼위일체의 세 위격에 상응하는 가짜이고 악한 존재 셋이 등장한다. 사탄 자신과 짐승 그리고 거짓 선지자다(계 16:13).[1]

우리는 창세기 3장 1, 4-5절에 나오는 뱀의 말에서 그러한 왜곡과 위장을 볼 수 있다. 창세기 3장 1절은 하나님이 실제로 하신 말씀을 끄집어낸다. 하지만 그것은 왜곡되었다. "하나님이 참으로 너희에게 동산 모든 나무의 열매를 먹지 말라 하시더냐." 그렇지 않다. 하나님은 그렇게 말씀하시지 않았다. 그는 하와가 말했듯이 **한** 나무의 열매를 먹지 말라 하셨다. 뱀은 처음에 질문 형식으로 문제를 제기함으로써 속임수의 첫 국면을 진전시킨다. 적어도 처음에는 뱀이 하나님의 말씀을 직접 반박하지 않는다. 단지 그는 물어볼 뿐이다. 하지만 질문이 항상 단순한 것은 아니다. 질문은 무엇인가를 넌지시 말할 수 있다. 뱀의 질문이 그러하다. 그것은 하나님이 관대하시지 않음을 넌지시 언급한다.

다음 단계에서 뱀은 하나님이 하신 말씀을 직접적으로 반박한다. 4절에서 그는 "너희가 결코 죽지 아니하리라"고 말한다. 그다음 그는 열매를 먹을 경우에 일어날 일을 묘사한다. 그가 말하는 것이 실제로 사실로 드러난다. 그들은 눈이 밝아졌다(창 3:7). 그들은 선과 악을 알게 되었다(창 3:22). 하지만 그들의 행동에 따른 이 두 결과는 왜곡을 담고 있다. 그들의 눈이 그들의 벌거벗음과 죄책감을 감지하도록 밝아졌다. 뱀은 자신이 유혹하는 말이 좋은 어떤 것, 곧 지식의 진전을 이룰 것처럼 들리게 했다. 그러나 그 열매는 쓰디쓴 것으로 드러났다.

게다가 앞에서 언급했듯이 남자와 여자는 선악을 아는 일에 "하나님과 같이" 되었지만, 악을 경험하는 나쁜 방식으로 선악을 알게 되었다.

이와 같이, 악이 들어옴으로써 진리가 완전히 파괴되는 것은 아니다. 진리는 왜곡된다. 하지만 악이 들어오는 과정도 여전히 진리에 의존한다.

악의 전파

진리는 전파된다. 그것은 성부로부터 말씀이신 성자께로 영원히 전파된다. 그것은 하나님의 계획이 창조된 세상으로 전해질 때 땅에 전파된다. 그것은 하나님의 형상으로 지음받은 존재인 인간에게 전파된다. 그것은 하나님이 그들에게 말씀하실 때 그들에게 전파된다. 이 전파는 지속적이어야 한다. 우리는 아담이 선악을 알게 하는 나무의 열매를 먹지 말라는 명령을 하와에게 알려 주었다고 추측할 수 있다. 처음부터 아담과 하와는 하나님으로부터 받은 진리를 자녀에게 가르쳐야 했으리라 추측할 수 있다(신 6:6-9). 그들은 이 가르침을 통해, 그들을 가르치신 하나님을 모방하고자 했을 것이다. 그들은 진리를 반영하고 그것을 전함으로써 하나님을 **반영하고자** 했을 것이다.

타락 이후에도 어느 정도는 그런 전파가 지속된다. 창세기 3장 15절에 나오는 핵심적인 구속 약속이 창세기의 기록에 보존되어 있다. 그것은 약속의 계보에도 작동한다. 창세기에서 그 계보는 아담으로부터 셋에게(가인은 제외됨), 노아에게, 셈에게(함과 야벳은 제외됨), 아브라함에게, 그리고 아브라함의 후손들에게로 이어진다.

진리를 왜곡하는 죄 또한 전파된다. 아이러니하게도, 타락 후의 인류는 여전히 하나님의 형상으로서 하나님을 반영하지만 그 반대의 방식으로 죄를 전파한다. 우리는 가인의 계보를 따라 죄의 비율이 점점 커짐을 본다. 그것은 땅에 사악함이 가득 찰 때까지 커진다(창 6:5). 또한 우리는 땅이 거짓말로 가득 참을 추론할 수 있다. 근본적인 거짓말은 하나님이 하나님이 아니시라는, 우리가 사악한 방식으로도 잘해 나갈 수 있다는 거짓말이다. 이것마저도 진리 왜곡이다. 가인은 자신의 살인으로 인해 징벌받았지만, 그것으로 인해 죽지는 않았다. 그 정도 선에서 그는 '잘해 냈다.' 라멕은 허풍과 위협으로 '잘해 나가는' 듯했다(창 4:24). 사람들은 홍수 직전인 창세기 6장 5절의 시점까지 죄악을 늘리는 일을 '잘해 나갔다.' 인간의 관점에서는, 공의가 항상 신속히 실행되는 것은 아니다(전 8:11).

죄에 대한 형벌인 죽음도 전파된다. 창세기 5장의 족보에서는 에녹을 제외하고 "죽었더라"는 음울한 말이 반복된다.

죄의 간접적인 결과 역시 증가한다. 여자는 출산의 고통을 겪는다. 남자는 땅을 경작하는 고통을 겪는다(창 3:16-19).

언약적 대표

아담의 죄는 죄악된 인간의 본성으로 그의 후손들에게 전파되는가? 아담의 죄책이 전파되는가? 우리는 우리 자신의 개인적인 죄와 개인적인 죄성에 대해서는 물론이고 아담의 죄에 대해서도 책임을 지는가?

창세기 2-3장은 **직접적으로** 말해 주지 않는다. 그 본문은 일어난 사건을 보도하는 기사다. 대부분의 기사들처럼 그 내용은 드문드문하고 많은 것을 생략한다. 주로 타락의 의미를 설명하는 신학적 논문을 제시하기보다는 일어난 일을 **보여 준다.**[2] 창세기 4-6장이 창세기 3장에 이어진다. 이 장들은 죄가 자라며 전파됨을 우리에게 말하기보다는 보여 준다. 아담의 신학적 의미나 아담과 그의 후손들과의 관계에 대해 더 분명하고 깊이 있게 언급하는 것은 로마서 5장 12-21절이나 고린도전서 15장 21-26절과 같은 후기의 설명 자료다. 아담이나 아담과의 언약에 대한 신학적 고찰은 주로 이 후기 본문들을 주요 전거로 삼아서 인류의 언약적 머리(대표)인 아담 개념을 제시한다.

대표 개념은 성경에서 상당히 흔하다. 지파의 두령은 지파를 대표한다. 다윗은 골리앗과 싸울 때 이스라엘 군대 전체를 대표한다. 다윗의 승리는 온 이스라엘의 승리다(삼상 17:9, 52-53). 왕은 백성을 대표한다. 마찬가지로 대제사장도 백성을 대표한다. 현대 서구 사회는 공동체적 연대성을 폄하하거나 비웃는 급진적 개인주의의 영향을 받아 왔다. 하지만 현대의 선입관 때문에 우리가 이 같은 대표 사례가 있다는 사실을 도외시해서는 안 된다. 대제사장의 경우, 대제사장의 대표 역할을 하나님이 친히 제정하셨다. 마찬가지로 하나님은 아담을 인류의 대표자로 임명하셨다.

또한 우리는 진리의 특성에서도 인간 대표와의 유사점을 볼 수 있다. 진리 자체가 하나님의 생각 속에서 하나로 연합된 전체다. 각 진리는 다른 모든 진리와 조화를 이룬다. 각각은 다른 진리를 배경으로 존재한다. 각각은 다른 연관된 진리를 상기시킨다. 따라서 우리는 한 진리가 전체 진리를 대표한다고 말할 수 있다. 한 진리가 많은 진리를 **대표한다**. 특히 한 진리는 그 진리의 여러 사례를 대표한다. 만일 이 연관성이 진리의 영역에 존재한다면, 그것은 인간사의 영역에도 존재한다. 인간 개개인의 차원을 넘어 더 큰 연합이 있다는 것은 놀라운 일이 아니다. 각 개인은 개인으로서 책임을 지닌다(겔 18:20; 계 20:13). 그러나 나는 고립되어 있지 않다.

또한 우리는 전체 인류의 머리로서의 아담이 독특함을 인정해야 한다. 로마서 5장 12-21절과 고린도전서 15장 21-26절이 상기시키듯이, 그리스도께서도 독특하시다. 아담이 옛 인류의 머리인 것과 유사한 방식으로 그리스도께서는 새 인류의 머리이시다. 아담의 죄가 인류를 죄악되게 했듯이, 그리스도의 의는 그의 새 인류를 의롭게 하신다(롬 5:16-19).

적용

죄가 전파된다는 사실을 명심하자. 죄의 전파라는 길에서 달아나서 우리의 구속주이신 그리스도께 피신하자.

11장

자유로운 행위자

앞에서 우리는 진리의 기원이 하나님 안에 있다는 것이 하나님이 세상을 총체적으로 다스리심을 시사한다고 주장했다. 그의 통치는 모든 인류의 결정과 행동을 포괄한다. 하지만 만일 그렇다면, 그것이 인간의 책임이나 우리가 자유롭게 선택한다는 우리의 직관과 모순되지 않는가?

이중의 인과 관계

이중의 인과 관계 개념에서 부분적인 해결책을 찾을 수 있다. 하나님은 사건들의 '일차적인 원인'으로서 사건들을 일으키신다. 인간은 '부차적인 원인들'로서 행동한다.

　이 구분은 인위적으로 보일 수 있다. 하지만 이것은 진리, 즉 하나님께 기원을 둔 진리의 특성과 모순되지 않는다. 하나님 안에 있는 진리는 포괄적이다. 그것은 모든 것을 명시한다. 그러한 명시는 모든 형태의 인과 관계를 포함한다. 사물들은 물론이고 사건들도 명시된다. 사건들은 물론이고 사건들 간의 인과적 연관성도 명시된다. 당구공 하나가 다른 공을 때리면 그 다른 공이 움직이기 시작하며, 이 두 공 사이의 인과적 연관성도 실재한다.

　원래적인 또는 원형적인 원인은 하나님 안에서 발견될 수 있다. 하나님은 말씀하신다. 그는 그 말씀을 자신의 말씀으로서 내보내신다. 우리는 성부가 그 말씀의 '원인이 되신다'고 말할 수 있다. 그러나 여느 때처럼 우리는 성부와 말씀 간의 관계를 어떻게 이해할 것인지 주의해야 한다. 요한복음 1장 1절이 "태초에"라는 표현으로 단언하듯이, 그 관계는 영원한 관계다. 그 말씀은 어느 순간 존재하게 되었다기보다 항상 존재하신다. 3절은 "만물이 그로 말미암아 지은 바 되었으니"라고 말함으로써 말씀의 영원한 존재를 단언한다. 영원한 아들이신 말씀은 지음받지 않으셨다. 그는 창조되지 않으셨고 영원히 존재하신다. 동시에 성부로부터 말씀으로 향하는 영원한 '움직임' 같은 것이 있다. 우리는 진리의 측면에서 이 관계를 재진술했다. 말씀은 하나님의 진리의 표현이다.

　하나님이 세상을 창조하실 때도 진리가 표현된다. 예를 들어 하나님이 "빛이 있으라"고 말씀하시자 빛이 있었다(창 1:3). 하나님은 빛이시다(요일 1:5). 또한 (창조된 현상인) 빛이 세상에 존재한다. 창조된 빛은 빛이신 하나님을 반영한다. 창조된 빛에 대한 진리는 빛이신 하나님에 대한 진리를 반영한다.

아울러 우리는 창세기 1장을 계속 읽어 나가면서 인간이 특별한 방식으로 하나님을 '반영'함을 알게 된다. 인간은 하나님의 **형상**으로 지음받았다(창 1:26-27). 그는 하나님을 반영한다. 이 반영의 한 측면으로서, 그가 알게 되는 진리는 하나님이 아시는 진리를 반영한다.

반영으로서의 원인들

만일 진리가 세상에 자신을 반영한다면, 인과 관계의 반영 또한 있을 수 있다. 인과 관계의 원형은 아들의 영원한 나심에서 발견된다(이것은 신적 원형으로서, 피조 세계 안의 인과 관계와는 다르다). 영원한 나심 안에 있는 이 원형은 세상 안에 자신을 반영할 수 있다. 따라서 세상 안에 원인들이 있을 수 있다. 십자가의 사건이 결정적인 사례다. 하나님이 그 사건을 일으키셨다.

하지만 그것은 자신의 욕구에 따라 행동했던 인간 행위자들이 있었음을 보여 주는 사건이기도 하다. "그가 하나님께서 정하신 뜻과 미리 아신 대로 내준 바 되었거늘 너희가 법 없는 자들의 손을

빌려 못 박아 죽였으냐"(행 2:23; 비교, 행 4:25-28).

인간은 독특하게 하나님의 형상을 지니고 있으므로, 세상의 인과 관계가 여러 층으로 반영되는 것은 자연스런 일일지 모른다. 인간의 의도를 통한 인간의 인과 관계가 원인의 한 층이다. 그러나 내가 공을 던질 때, 내 팔과 그 안의 근육도 원인의 한 **물리적인** 층으로 작용한다.

이 여러 층의 원인은 욥기 1-2장의 내용에서 확인된다.

먼저, 1장 21절과 2장 10절에서 욥 자신이 확언하듯이, 하나님이 욥에게 닥친 재난의 원인이시다. 일부 현대인은 이 결론을 피하길 원한다. 그들은 하나님이 재난을 일으키셨음을 부인함으로써 하나님을 '방어'하려 한다. 하지만 그런 시도는 유효하지 않다. 성경의 증언이 그것을 반박한다. 성경은 욥이 하나님이 재난을 주관하신다고 확언함을 보여 준다. "주신 이도 여호와시요 거두신 이도 여호와시오니"(욥 1:21). 또한 욥의 확신을 인정한다. "이 모든 일에 욥이 입술로 범죄하지 아니하니라"(욥 2:10).

둘째, 사탄이 그 재난을 가져온다. 욥과 그의 친구들은 이런 인과 관계의 층을 결코 알지 못하지만, 욥기는 처음 두 장에서 이를 단언한다. "사탄이 이에 여호와 앞에서 물러가서 욥을 쳐서 그의 발바닥에서 정수리까지 종기가 나게 한지라"(욥 2:7).

셋째, 그 재난 중의 일부에는 인간 행위자들이 개입했다. "소는 밭을 갈고 나귀는 그 곁에서 풀을 먹는데 스바 사람이 갑자기 이르러 그것들을 빼앗고 칼로 종들을 죽였나이다 나만 홀로 피하였으므로 주인께 아뢰러 왔나이다"(욥 1:14-15).

넷째, 그 재난 중의 일부는 "불"(욥 1:16)이나 "큰 바람"(욥 1:19) 같은 물리적인 원인을 수반한다.

반영으로서의 인간 행위

우리는 하나님의 행위로부터 시작해 인간 행위에 '위로부터' 접근한다면 그것을 더 잘 이해할 수 있다. 하나님은 인격적이시다. 또한 하나님은 세상에서 활동하신다. 하나님의 활동에서 그는 **선택하신다**. 그는 불이나 바람처럼 생각 없고 물리적인 원인이 아니라 책임 있고 인격적인 행위자이시다. 그는 욥에게 닥친 불과 바람 그리고 다른 재난들을 보내기로 **선택하셨다**. 하나님의 인격적 행위에 비추어 우리는 인간 행위자들에 대해 무엇을 배우는가? 인간 행위자들은 하나님이 아니지만, 하나님의 행위를 더 낮은 차원에서 반영한다.

또한 우리는 진리 주제의 측면에서 행위와 관련된 이 신비를 표현할 수 있다. 하나님이 **선택하신다**는 것은 참되다. 예를 들어 욥기 1장 16절에서 "하나님의 불이 하늘에서 떨어져서 양과 종들을 살라 버렸"다는 것은 참되다. 그 진리는 하나님이 다른 방식이 아닌 그 한 가지 방식으로 행동하기로 하신 결심과 결부되어 있다.

어떤 진리는 하나님의 성품의 필연적인 면을 표현한다. 예를 들어 하나님은 필연적으로 선하시다. 불을 보내실 때 하나님이 지니신 선택의 자유는 어떤 진리들이 참인지에 대한 일종의 자유이기도 하다. 만일 하나님이 원하셨다면 불을 보내지 않으셨을 수 있으며, 그 경우에는 불이 임하지 않은 것이 진리였을 것이다.

이와 유사하게, 인간은 어느 것을 하고 다른 어느 것을 하지 않기로 결심할 때 선택의 자유를 행사한다. 우리는 유사하게 하나님과 그의 자유로부터 인간과 그들의 자유로 나아간다.

'아래로부터' 이해하려는 시도의 난점

하나님으로부터 인간에게로 사유해 가는 과정을 '아래로부터'의 움직임과 대조해 보자. 인간의 행동을 단지 물리적 인과 관계와 비교하여 아래로부터 이해하려 하면, 우리는 난점에 직면할 수 있다.

인간의 행동은 한 당구공이 또 다른 공을 구르게 하는 것(물리적 인과 관계)과 같은가? 어떤 면에서는 그러하다. 두 움직임 모두 일종의 '원인'이기 때문이다. 첫 번째 당구공이 두 번째 공을 움직이게 한다. 인간은 손에 든 큐를 움직이기로 결심하고 큐를 움직여 당구공을 친다. 만일 물리적 원인이라는 한 차원의 원인만 있다면, 인간의 책임과 인간 선택의 진정성은 어디에 있겠는가? 당구공은 책임이 없으며 선택하지도 않는다. 그 공은 첫 번째 공이 하게 하는 대로 움직인다. 큐를 컨트롤하는 사람에게는 선택의 자유가 있다('자유로운 행위자').

논의를 위해 한 차원의 인과 관계(즉, 물리적 인과 관계)만 있다고 가정해 보자. 그렇다면 다른 모든 작용처럼 인간의 행위도 물리적 원인의 끊어지지 않는 연결에 의해서만 일어난다. 만일 그 연결이 끊어지지 않는다면 자유로운 행위자와 인간의 책임은 착각처럼 보인다. 실제 선택이란 없다. 모든 결과는 이전 물리적 원인에 의해 결정된다. 물리적 원인 중의 일부는 인간의 몸 바깥에 있다(다른 공을 치는 당구공처럼). 또 어떤 물리적 원인은 인간의 몸 안에 있다(신경 신호 및 팔이나 손가락 근육의 수축을 유발하는 화학 반응처럼). 그러나 이들 모두는 물리적인 원인이다.

이 난점을 볼 때, 우리는 물리적 인과 관계의 연결의 **단절**을 가정함으로써 이를 벗어나려 할 수 있다. 우리는 어떤 지점에 새로운 것, 원인이 없는 것이 있다고 가정한다. 그리고 그 단절이 '자유의지'를 나타낸다고 주장할 수 있다. 하지만 만일 단절이 완벽하게 원인과 동기를 배제한 것이라면, 거기에는 책임도 없다. 순전히 무작위이고 순전히 우연일 뿐이다. 그리고 거기에는 의도를 가지고 실행하는 **인간의** 선택이 없다. 인간의 책임도 없으며, 단지 불가사의하고 통제되지 않는 것만 있을 뿐이다.

그렇다면 인간의 책임을 어떻게 이해할 수 있을까? 그것은 바위나 당구공에 속하지 **않은** 것이다. 무엇이 인간을 다르게 만들까?

우리는 하나님의 형상으로 지음받는다. 하나님은 우리가 주도하고 책임 있는 결정을 내릴 능력을 지니도록 만드셨다. 그렇다면 인간의 자유는 그 원형인 신적 자유로부터 유래한다. 이것은 신비롭다.

하나님의 두 속성

우리는 하나님을 총체적으로 알지 못한다. 그는 우리에게 신비로우시다. 그러나 우리는 하나님 안에 있는 두 가지 측면의 의미를 일부 알아 낼 수 있다. 그 두 측면이란 하나님의 안정성(불변성)과 자유(창조성)다. 이 둘은 참되어야 한다. 하나님은 그 자신이시다. 그는 자신이 아닌 다른 어떤 것이실 수 없다. 그러나 하나님은 창조적이시기도 하다. 그의 창조성은 그가 세상을 창조하신 사실에서 드러난다. 그가 반드시 창조하셔야 했던 것은 아니다(만일 그러셔야 했다면 그는 세상에 의존하는 존재일 것이다). 또한 그는 욥의 양 떼에게 하늘로부터 불을 보내실 때(욥 1:16) 자주적이며 창조적이셨다. 하나님의 위나 이면에 그로 하여금 그렇게 하시도록 강요하는 것이 전혀 없었다(만일 그를 통제하는 어떤 것이 그의 이면에 있다면, 그것이 진짜 '신'일 것이다).

이제 하나님의 안정성과 신실성에 초점을 맞춰 보자. 그의 안정성 또는 불변성은 삼위일체의 각 위격, 즉 성부와 성자와 성령께 속한다. 아울러 앞에서 보았듯이 하나님의 안정성은 하나님의 변치 않는 계획의 근원이신 성부 안에서 현저하게 표현된다.

또한 하나님은 **창조적**이시다. 그의 창조성은 말씀이신 성자 하나님 안에서 현저하게 예시된다. 하나님은 말씀하셔서 자신의 의향을 표현하신다. 그렇게 말씀하시는 사례에는 세상을 향해 "빛이 있으라"고 말씀하신 것이 포함된다. 하나님이 반드시 그렇게 말씀하셔야 했던 것은 아니다. 그는 그렇게 말씀하기로 선택하셨다.

진리의 두 측면

우리는 이 원칙을 진리 주제로 달리 진술해 볼 수 있다. 모든 진리는 하나님의 생각 안에서 통일된 전체다. 그러나 우리는 하나님에 대한 진리가 두 종류로 뚜렷이 구별된다는 점도 알 수 있다. 하나님의 항구여일하심 때문에 참인, 그에 대한 진리가 있다. 그는 무한하시고 불변하시고 전지하시다.

그의 창조적인 지혜를 표현하는 진리도 있다. 그는 아무런 창조 행위 없이 영원히 하나님으로 계시기보다는, 세상을 창조하기로 **결정하셨다**. 그는 하늘로부터 욥의 양 떼에게 불을 보내기로 **결정하셨다**. 우리는 이런 종류를 구별해야 한다. 왜냐하면 하나님 자신은 필연적이시지만 세상은 필연적이지 않기 때문이다. 그러므로 세상에 대한 진리와 하나님의 영원한 존재를 묘사하는 진리는 구분된다.

따라서 우리는 진리에 두 측면이 있다고 말할 수 있다. **필연적인** 진리, 곧 하나님이 항상 누구이신지에 대한 진리가 있다. 또한 **우연적인** 진리, 곧 하나님이 창조하기로 결정하신 세상에 대한 진리와 그가 세상에서 행하시는 행위에 대한 진리가 있다. 후자의 진리는 세상을 창조하시려는 하나님의 자유로운 결정에 의존한다는 점에서 **우연적**이다. 하나님은 실제로 우리가 살고 있는 세상과는 다른 세상을 창조**하실 수도** 있었다. 이 또한 하나님의 자유와 창조성을 예시한다. 그는 유니콘이 있는 세상을 창조하실 수도 있었지만 그렇게 하지 않으셨다. 그는 욥의 양 떼에게 아무런 해도 끼치지 않을 시간과 장소에 하늘로부터 불을 보내실 수도 있었다. 그는 우리 집 뒤뜰의 단풍나무들을 다른 장소에 심으실 수도 있었다. 하나님은 **자유롭고 창조적**이시다.

필연적인 진리와 우연적인 진리라는 두 종류의 진리가 존재한다는 것은 신비다. 우리는 이를 속속들이 분석할 수 없다. 하지만 우리는 진리가 하나님과 조화를 이룸을 받아들일 수 있다.

하나님 안에 존재하는 자유는 인류에게 반영된다. 우리는 일종의 파생적인 자유, 하나님의 자유를 반영하는 자유를 지닌다.

우리는 우리가 말할 때 행사하는 자유를 논의함으로써 이 진리를 다시 표현해 볼 수 있다. 하나님은 말씀하신다. 인간은 하나님으로부터 파생된 피조물로서 말한다. 그들은 자신이 하는 말에 책임이 있다(꿈속, 혼수상태, 치매 상황처럼 특별한 경우에는 예외를 허용할 수 있다).

인간은 선택한다. 우리는 말할 수 있었으나 말하지 않기로 선택한 경우들을 알 수 있다.

이 책임과 선택은 하나님으로부터 비롯된다. 그것은 신비롭다. 우리는 하나님이 아니다. 우리는 하나님으로부터 독립해 행동하지 않는다. "우리가 그를 힘입어 살며 기동하며 존재"(행 17:28)하기 때문이다.

두 차원의 인과 관계가 있다. 하나님은 인간의 말을 포함해, 모든 사건이 일어나게 하신다(애 3:37-38; 엡 1:11). 동시에, 우리가 말한다. 우리 각자는 자신의 의도를 지니고 자신의 말을 일으킨다. 물론 폐와 횡격막과 성대와 입과 혀와 입술을 통한 물리적인 차원의 인과 관계도 존재한다. 이 물리적인 차원의 인과 관계는 실재한다. 하지만 이것은 **별개의** 차원이므로, 우리가 인간으로서 개인적인 의도로 행동한다는 사실을 훼손하지 않는다. 예를 들어 내가 큐를 움직여서 당구공이 움직이게 하면 그 공은 다른 당구공에 부딪힌다. 나는 각도와 힘의 정도를 선택해 큐를 움직인다. 동시에, 내 근육의 물리적인 원인이 큐가 움직이게 한다.

우리가 살펴본 바와 같이, 이 다양한 차원의 인과 관계는 놀라운 일이 아니다. 왜냐하면 그것은 세상에서 진리가 다층적으로 반영되는 것과 부합하기 때문이다.

부패성

인간의 타락 및 자유 행위자 문제와 관련하여, 우리는 부패성 문제를 살펴보아야 한다. 인간은 타락과 죄로 인해 너무나 왜곡되고 비뚤어져 있어서 자신의 힘으로는 죄에서 벗어나 구속으로 들어갈 수 없는가? 성경을 읽는 대부분의 그리스도인은 하나님이 인간에게 신적 도우심이 필요하다고 말씀하심을 여러 세기에 걸쳐 이해해 왔다(눅 18:27). 그러면 이 도우심은 어떤 형태를 취하는가? 하나님은 모든 사람을 동일하게 도우시는가?

이 책에서 논의하는 다른 문제들과 마찬가지로, 여기서 관련된 모든 성경 본문을(그런 본문은 많다) 열거하며 모든 논거를 속속들이 고려할 수는 없다. 다만 우리는 진리 관점이 우리가 성경으로부터 알게 된 것과 어떻게 조화를 이루고 그것을 확언하는지를 살펴볼 것이다.

핵심 문제 중의 하나는 이것이다. 진정으로 결정적인 기여를 하는 주체는 하나님이실까 아니면 인간일까? 만일 하나님이시라면, 한 가지 가능한 결론은 구원은 숙명론적이며 인간에게는 책임이 없다는 것이다. 만일 사람이 결정적인 기여를 한다면, 아무리 작은 기여라 해도 그는 자랑할 무엇인가를 지닌다.

진리에 대한, 하나님 안에 있는 진리의 기원에 대한 우리의 묵상은 결정적인 기여가 하나님으로부터 온다고 자연스럽게 말하게 하는 틀로 이끈다. 고린도전서 4장 7절은 이렇게 말한다. "네게 있는 것 중에 받지 아니한 것이 무엇이냐 네가 받았은즉 어찌하여 받지 아니한 것 같이 자랑하느냐." 우리는 근본적으로 선물을 받은 자들이다. 우리는 능력이라는 선물 없이는 아무것도 할 수 없다. 우리가 무슨 진리든 아는 것은 우리가 그것을 하나님으로부터 받았기 때문이다. 마찬가지로 우리가 행해야 하는 모든 능력은 하나님으로부터 나온다. 우리가 하나님으로부터 선물을 받는 것은 인간의 활동적인 과정과 활동적인 의도를 수반한다. 여기에는 인간의 선택이 포함된다. 예를 들어 우리는 하나님으로부터 진리를 받을 때 여러 활동적인 방식을 취한다. 우리는 받은 진리를 소화한다. 하지만 선물을 받는 것은 하나님의 개입을 통해 받는 것이다. 하나님은 우리에게 구속을 베푸셨고, 자신의 선물인 믿음을 통해 우리 안에서 그 일을 이루셨다(엡 2:8).

구원을 진리 관점에서 생각해 보자. 하나님은 복음 메시지 속에 자신의 진리를 실으신다. 이 진리는 역사 속에서 완수된 그리스도의 사역이라는 진리를 선포한다. 그리고 그리스도의 부활의 권능을 통해 진리는 우리 안에 새로운 생명을 낳는다.

> 너희가 거듭난 것은 썩어질 씨로 된 것이 아니요 썩지 아니할 씨로 된 것이니 살아 있고 항상 있는 **하나님의 말씀**으로 되었느니라 그러므로

> 모든 육체는 풀과 같고
> 그 모든 영광은 풀의 꽃과 같으니
> 풀은 마르고
> 꽃은 떨어지되
> 오직 주의 말씀은 세세토록 있도다

하였으니 너희에게 전한 복음이 곧 이 말씀이니라(벧전 1:23-25)

새로운 탄생이 성령에 의해 이루어진다고 생각하는 것이 일반적이다. 성령의 이러한 역할을 요한복음 3장 5-8절이 단언한다. 이것은 베드로전서 1장 23-25절의 언급과 상충되지 않는다. 성령이 하나님의 진리인 하나님의 말씀 안에 계시기 때문이다.

타락하고 죄악된 인간으로서 우리는 죽는 것이 마땅하다. 우리는 범죄한 반역자다. 만일 하나님이 우리를 구원하려고 행동하신다면, 그것은 우리가 구원을 얻기에 합당해서가 아니다. 그것은 하나님이 우리에게 자비를 베풀기로 스스로 결정하시기 때문이다.

적용

만일 우리가 이미 구원받았다면, 우리를 보존하시고 다른 사람들도 구원으로 인도해 주시도록 하나님께 기도드리자. 하나님만이 이 일을 하실 수 있다. 만일 우리가 아직 구원받지 못했다면, 우리를 구원하시는 그리스도께로 나아가자. 하나님만이 우리를 구원하실 수 있기 때문이다.

3부

구속

12장

그리스도의 위격

이제 그리스도의 위격을 생각해 보자.

성자 하나님은 삼위일체의 세 위격 중 한 분으로서 영원히 존재하신다. 그는 이 땅에 오셔서 인간이 되시기 전부터 진리이시다(요 14:6). 우리는 이미 그리스도의 위격이라는 측면을 살펴본 바 있다.

그러나 고찰할 필요가 있는 추가적인 진리가 있다. 그것은 구속주이신 그리스도에 대한 것이다. 우리와 우리의 구원을 위해 영원하신 성자가 인간이 되셨다(요 1:14; 히 2:14, 17). 성육신하신 순간부터 그는 두 본성(신성과 인성)을 지닌 한 위격이시다. 여러 시대에 걸쳐 그리스도인은 이처럼 두 본성을 지니신 존재가 큰 신비임을 인식해 왔다.

진리의 성육신

예수 그리스도께서 두 본성(신성과 인성)을 지니신 것은 참되다. 하지만 이 진리는 하나님의 본성으로부터 추론되는 것일 수 없다. 하나님은 세상을 창조할 필요가 없으셨다. 인간이 타락한 후에도 그는 세상을 구원할 내재적인 의무 아래에 있지 않으셨다. 그는 자신의 자비로 인해 인간 구원에 착수하셨다. 베드로전서 1장 20-21절에 따르면, 이 일은 세상의 기초가 놓이기 전에 계획되었다. "그[그리스도]는 창세 전부터 미리 알린 바 되신 이나 이 말세에 너희를 위하여 나타내신 바 되었으니 너희는 그를 죽은 자 가운데서 살리시고 영광을 주신 하나님을 그리스도로 말미암아 믿는 자니." 그의 자비는 자비의 특성에 따라 자유로우며 의무가 아니다. 성육신은 피조물인 인간의 선천적인 결함 때문에 실행된 것이 아니다. 그보다는, 하나님의 **구속** 계획이 실행되는 한 단계였다.

이 책의 전체적인 목적에 따라, 우리는 그리스도에 대한 우리의 결론을 뒷받침하는 성경의 가르침 전체를 검토하는 데 시간을 들이지 않을 것이다. 다만 우리는 진리 관점의 측면에서 그리스도의 위격과 사역을 살펴볼 것이다. 특히 우리는 두 본성을 지닌 한 위격이신 그리스도의 본성이 어떻게 진리와 조화를 이루는지를 살펴볼 수 있다.

진리와의 조화

성육신이 진리와 조화를 이루는 것은 그것이 참이기 때문이다. 그러나 우리는 영원하신 성자가 "보이지 아니하는 하나님의 형상"(골 1:15)이시기도 함을 상기함으로써 이 기본적인 사실 너머로 조금이나마 더 나아갈 수 있다. 또 하나의 진리는 하나님이 인간을 하나님의 형상으로 창조하셨다는 것이다(창 1:26-27). 창조된 형상, 인간 안에 있는 형상은 성자이신 원형적 형상의 반영이다. 창조된 형상에 대한 진리는 창조되지 않은 형상, 성자 하나님이신 원형적 형상에 대한 진리를 반영한다(골 1:15). 따라서 원형적 형상이신 성자와 모사적(또는 파생적) 형상인 인간 간에 본래적인 조화가 있다.

이 조화가 성육신의 기초가 된다. 하나님이신 예수 그리스도께서 모든 것을 아시는(요 16:30; 골 2:3) 반면, 그의 인성과 관련해 그의 지식이 제한적이라고(눅 2:52) 단언하는 것은 모순인 것처럼 보인다. 어떻게 그의 지식이 포괄적인 동시에 제한적일 수 있을까? 우리는 두 본성을 구별할 때 각각의 본성과 관련해 이 물음에 답할 수 있다. 그러나 오직 한 위격이 계신다.

구별되지만 분리되지 않음

두 본성을 지니고 지식을 '경험'한다는 것이 무엇을 의미하는지 우리가 정확한 모델을 제시할 수는 없다. 우리는 한 본성(인성)만을 지닌다. 예수 그리스도께서는 유일무이하시다. 하지만 우리가 조화를 단언할 수 있는 것은, 인성의 경우에도 우리의 모든 지식이 신적 지식과 교류하고 신적 지식에 의존하지 않고서는 존재하지 않기 때문이다. 우리는 칼케돈 신조에서 말하듯이 그리스도의 두 본성이 어떻게 한 위격 안에서 혼란이나 변화나 분할이나 분리됨이 없이 공존할 수 있는지 알 수 없다.[1] 아울러 우리는 성령이 어떻게 우리 안에 거하시며 우리에게 진리를 제공해 주시는지도 투명하게 알 수 없다.

욥기 32장 8절이 암시하듯이, 성령은 진리의 근원이시다.

그러나 사람의 속에는 영이 있고

전능자의 숨결이 사람에게 깨달음을 주시나니

영은 하나님이시다. 어떻게 진리가 하나님으로부터 우리에게 주어질 수 있을까? 그 일은 혼란 없이 이루어져야 한다. 왜냐하면 우리는 신적 존재가 될 수 없기 때문이다. 그 일은 하나님 안의 변화가 없이 이루어져야 한다. 왜냐하면 하나님은 변하시지 않기 때문이다. 우리가 진리를 받으면, 진리는 어떤 의미에서 우리를 변화시킨다. 우리는 예전에 알았던 것보다 더 많이 안다. 그렇다고 해서 우리가 인간 이상의 존재가 되는 것은 아니다.

진리가 하나님으로부터 우리에게 주어질 때, 우리 안에 있는 진리는 하나님 안에 있는 진리로부터 '분할'되거나 '분리'되지 않는다. 만일 그렇게 된다면 그것은 전혀 진리가 아닐 것이다. 우리에게 진리가 주어지는 과정은 위에서 언급한 칼케돈 신조의 단언과 유사하다.

창조주/피조물의 구별

너무 놀랄 필요는 없다. 인격적인 피조물이라는 것은 두 측면을 동시에 수반한다. 우리는 피조물임과 더불어 하나님과 친교할 수 있는 인격체다. 구속을 통해, 우리는 창조주 하나님과 친교를 나눈다. 물론 창조주/피조물의 구별은 여전히 남아 있다. 그 구별이 분명하다는 점을 우리는 앞에서 살펴보았다. 왜냐하면 이것은 성부와 성자(창조의 중재자요 말씀으로 창조를 이루신) 간의 원형적 구별을 반영하기 때문이다.

동시에 친교도 있어야 한다. 모든 진리가 원형이신 하나님 안에 있으므로, 우리가 아는 것은 하나님이 아시는 것과 긴밀하게 연결되어 있어야 한다.

구속의 필수성

모든 인간에게 구속은 인간이 하나님에 대한 사실을 아는 것 그 이상의 무엇인가를 요구한다. 우리를 내리누르고, 반드시 처리되어야 하는 죄책과 빚과 결함이 있다. 우리는 죽음의 징벌에 직면해야 하며, 구속이 없다면, 만일 하나님이 우리를 징벌로부터 구속하시지 않는다면, 우리의 미래는 죽음의 징벌로 끝날 것이다. "죄의 삯은 사망이요"(롬 6:23). 우리에게는 구원해 주실 하나님이 필요하다. 우리에게는 우리와 연합하고, 우리를 대신하고, 우리를 비참한 상태에서 건져 줄 사람이 필요하다. 우리의 구원자가 우리를 구원할 능력을 지니려면 그는 하나님이셔야 한다. 또한 우리의 죄를 대신 짊어지려면 사람이 되셔야 한다. 아울러 우리는 그리스도 안에서 새로운 피조물이 되려면 거듭나야 한다(고후 5:17).

적용

하나님이자 인간이신 예수 그리스도 안에서 우리를 위한 구속을 계획하고 완성하는 지혜를 지니신 하나님께 감사드리자.

13장

선지자와 왕과 제사장이신 그리스도

죄로 인한 손상은 다방면에 걸친다. 따라서 그리스도께서 이루신 구속도 다방면에 걸쳐야 한다. 고전적으로 그리스도의 사역은 성경에 나오는 세 가지 직분, 즉 선지자와 왕과 제사장으로 설명되었다.[1]

진리로부터 유래한 세 직분

성경은 그리스도께서 최종적인 선지자와 왕과 제사장이심을 알려 준다. 히브리서는 이 세 직분 모두에 대해 가르친다. 히브리서 1장 1-2절에 따르면, 그리스도께서는 구약 선지자들의 정점이시다. 히브리서 7-10장에 따르면, 그는 최종적인 제사장이시다. 그의 왕적 역할은 히브리서 2장 8-9절에 묘사되어 있다.

이 세 직분은 한 위격이신 그리스도께 속한 것이지만, 이 직분이 구별되는 방식은 삼위일체 위격들의 구별로 거슬러 올라간다. 이 점을 살펴보기로 하자.[2]

삼위일체에 대한 세 가지 주요 비유(의사소통 비유, 가족 비유, 반영 비유)가 있음을 상기하자. 이 비유 각각이 삼위일체의 실제를 설명해 준다. 하지만 분명한 강조점들도 있다.

의사소통 비유는 우리에게 전달되는 진리(특히 분명한 말씀으로 전해지는 진리)에 초점을 맞춘다. 하나님의 진리를 사람들에게 전달하는 것이 선지자의 주요 역할이다. 따라서 의사소통 비유는 선지자 직분과 긴밀히 연관된다.

가족 비유는 성부가 아버지라 불리시고 성자가 아들이라 불리실 때 사용되는 비유다. 이 비유는 주로 시간 속에서 전개되는 하나님의 계획과 연관되는 것으로 보인다. 성부 하나님은 현저한 계획 입안자이시다. 성자 하나님은 아버지의 뜻을 행하시고, 특히 아들의 공적인 지상 사역 기간에 아버지의 계획을 실행하신다. 성령 하나님은 아들에 의해 성취된 구속을 적용하신다. 이 모든 사역은 **권능**의 사역이다. 하나님을 섬기는 인간 왕은 하나님의 계획을 실행하기 위해 권능을 행사한다. 그리스도께서는 구속을 위한 하나님의 계획을 실행하시는 신적 왕이시다. 따라서 그는 최종적이며 절정적인 **왕**이시다. 이 비유와 왕의 사역에서 진리의 역할이 있다. 왕이신 그리스도께서는 아버지의 계획을 실행하시며, 그 계획은 역사에 대한 진리다.

끝으로 반영 비유는 임재에, 친밀성에 초점을 맞추는 비유다. 구속 사역에서 하나님과의 친밀함, 하나님의 임재를 누리게 하는 것은 현저하게 제사장에게 맡겨진 일이다. 그리스도께서는 멜기세덱의 반차를 따른 위대하고 최종적인 제사장이시다(히 5:10). 따라서 제사장 직분은 반영 비유와 긴밀하게 연관된다.

이처럼 하나님의 임재를 누리는 것은 하나님을 아는 친밀함을 누리는 것이며, 따라서 진리를 아는 것이기도 하다. 하나님은 진리이시기 때문이다.

타락과 죄가 붕괴를 초래했기 때문에, 세 직분에서 그리스도의 사역은 긍정적인 측면뿐 아니라 부정적인 측면도 지닌다. 선지자의 사역과 관련하여, 그는 진리를 선포하심으로써 그릇된 것을 물리치고 몰아내신다.

왕의 사역과 관련하여, 그는 으뜸 대적자인 사탄을 물리치신다. 그는 사탄을 굴복시키기 위해 자신의 왕권을 사용하신다. 또한 그는 우리를 제압하고 다스리심으로써 왕에 대한 반역과 불순종을 물리치신다. 우리를 다스리시면서 그는 우리로 하여금 그의 의의 참된 기준에 부합하게 하신다. 그는 자신의 권능으로 진리가 세상에 명백히 드러나 효력을 발휘하게 하신다.

제사장의 사역과 관련하여, 그는 소외와 죽음의 형벌을 물리치신다. 그는 제사장이실 뿐만 아니라 우리를 위해 죽은 희생제물이시기도 하다. 긍정적으로, 그는 우리를 성부 하나님께 정결하게 드리시며(히 10:14) 우리를 위해 간구하신다(히 7:25). 그는 우리가 하나님과 새롭게 친교를 나누게 하시며, 따라서 하나님 안에 있는 진리와도 교류하게 하신다. 우리가 진리를 가까이하려면 친교가 필요하다. 시편 119장 18절은 "내 눈을 열어서 주의 율법에서 놀라운 것을 보게 하소서"라고 말한다.

믿지 않는 자도 진리에 접근하는 것을 필요로 한다. 그들은 하나님에 대한 진리를 왜곡하지만, 그들이 전적으로 진리를 가까이하지 못하는 것은 아니다. 우리가 추론하기로 그들이 이생에 얻는 진리는 일반 은총의 선물이다. 그들은 자격이 없다. 일반 은총은 구원의 은혜가 아니다. 즉, 사람들이 하나님으로부터 어떤 유익을 얻는다고 해서 그것이 그들이 영원한 구원의 상속자임을 시사하지는 않는다. 얻을 자격이 없는 것을 그럼에도 그들이 얻는 것은 그리스도의 사역에서 비롯된, 구원과는 무관한 유익이다. 믿지 않는 자는 진리의 단편들을 지닌다(시 94:10 참조). 하지만 그들의 지식에는 결함이 있다. 이는 그들이 이런 진리를 구원을 행하시는 하나님을 아는 맥락에서 받아들이지 않기 때문이다.

우리는 이런 종류의 유익을 노아 홍수 직후의 사건에서 볼 수 있다(창 8:20-22). 노아는 하나님께 희생제사를 드린다. 이 제사는 그리스도의 최종적 희생을 예표한다. 짐승 희생제사는 예수님이 행하실 것을 예표하는 까닭에 하나님께 열납된다(히 10:1-10). 하나님은 그 희생제사를 기뻐하시며 노아와 그의 후손들에게 유익을 베푸실 것을 약속하시는데, 그들 모두가 참되신 하나님을 믿지는 않는다.

요컨대, 그리스도의 사역에 따른 결과 중 하나는 믿지 않는 자마저 은혜의 유익을 얻는다는 것이다. 그 유익 중 하나는 하나님이 다시는 인류 전체를 홍수로 멸하지 않으실 것이라는 약속이다. 또한 그들이 진리의 단편들을 얻는 것이다.

적용

선지자와 왕과 제사장이신 그리스도를 통해, 진리와 변화의 능력과 하나님과의 친밀함을 주시는 주께 감사드리자.

14장

그리스도의 속죄 사역

우리를 하나님과 화목게 하시는 분은 그리스도이시다. 그는 "길"이시다(요 14:6). 화목게 하시는 그의 사역은 어떻게 행해지는가?

화목게 하시는 그의 사역의 한 가지 중요한 측면은 그가 우리 죄를 담당하셨다는 것이다(벧전 2:24; 또한 사 53:4-6; 고후 5:21을 보라). 그는 우리를 대리해 우리의 죄로 인한 징벌을 당하셨다. 이러한 대속 사역을 우리는 어떻게 이해하는가? 그리스도의 대속 사역은 유일무이하다. 그것은 다른 어떤 것과도 비견할 수 없다. 아마도 가장 가까운 비교는 로마서 5장 12-21절의 그리스도와 아담의 유사성에서 찾을 수 있을 것이다. 하지만 거기서도 차이점이 강조된다. "그러나 이 은사는 그 범죄와 **같지 아니하니**"(15절), "**더욱**"(15, 17절).

대리의 일반적 패턴

그리스도의 사역의 유일무이성을 인정하면서도, 우리는 더 넓은 대리의 패턴이 있음에 주목할 수 있다. 예를 들어 레위기 16장에서 대제사장은 전체 이스라엘 백성을 대표한다. 유월절 어린양의 죽음과 다른 희생 짐승들의 죽음은 이스라엘이 당했을 죽음을 대리한다. 사무엘상 17장에서 다윗이 골리앗과 싸울 때 그는 전체 이스라엘 군대를 대표하며, 어떤 면에서는 그 군대를 대리한다.

한 사람이 다른 사람을 대리하는 상황은 유사점과 차이점 둘 다를 수반한다. 두 사람은 서로 다르다. 하지만 한 사람이 다른 사람을 대리할 때, 그는 동일하거나 유사한 역할을 담당한다.

우리가 먼저 세부 사항들로부터 한 걸음 물러나면, 그 유사점과 차이점에 대한 더 넓은 유비들이 있음을 볼 수 있다. 우리는 하나님의 생각 속에 존재하는 진리의 일반적인 구조에 대해 생각한다.

삼위일체 위격과 관련한 진리를 공부하면 유사점과 차이점의 한 패턴을 보게 된다. 삼위일체 각 위격이 아시는 진리는 동일한 진리다. 이것은 유사함의 차원을 우리에게 제시한다. 또한 각 위격은 위격적으로 진리를 아신다. 예를 들어 아버지는 아들을 아는 진리를 아신다. 아들은 아버지를 아는 진리를 아신다(마 11:27). 진리와 관련한 차이의 양상은 진리에 대한 위격적인 **견해**나 **관점**에 기인한다. 이 차이는 어떤 진술에서 한 위격이 다른 위격을 형상화하는 구조를 포함하며, 그 결과는 여전히 참되다. 예를 들어 우리는 아버지는 진리를 아신다고 말하는 것으로 시작할 수 있다. 우리는 아들도 진리를 아신다고 말한다. 마찬가지로 성령도 진리를 아신다. 이 셋에는 공통성이 있다. 하지만 위격들은 구별된다.

이러한 확언이 아버지와 아들 간의, 그리고 아버지와 성령 간의 영원한 구별을 훼손하시는 않는다. 아버지와 아들은 구별되시므로, 진리 사이에도 구별이 있다. 아버지가 아들을 아신다는 것은 참되다. 아들이 아버지를 아신다는 것도 참되다. 이 두 진리는 구별된다. 하지만 또한 **연관**된다. 이들은 하나의 맥락에서 한 위격이 다른 위격을 형상화하는 방식에서 연관된다.

또한 우리는 구별되는 위격들에 대한 진리에 차이가 있다는 점도 주목해야 한다. 예를 들어 인성을 지니고 성육신하신 분은 아버지가 아니라 아들이시다. 이 성육신은 아들에게만 해당되었다. 따라서 아들에 대한 진리와 아버지에 대한 진리는 이 점에서 유사하지 않다.

하나님이 우리에게 진리를 전달하실 때 형상화의 구조가 엿보인다. 요한복음 17장 8절을 생각해 보라. "나[성자]는 아버지께서 내게 주신 말씀들을 그들[제자들]에게 주었사오며." 여기서 우리는 두 단계를 본다.

아버지께서 아들에게 말씀을 주신다.
아들이 제자들에게 말씀을 주신다.

두 번째 행에는 두 단계의 형상화 또는 반영이 있다. 아들은 아버지를 형상화하고, 제자들은 아들을 형상화(또는 반영)한다. 동시에 두 행에서 동일한 말씀이 각각 언급된다. 그러므로 또한 두 행은 동일하게 진리의 복합성을 언급한다.

아울러 우리는 창조 질서 안에서 형상화의 패턴을 본다.

아담은 백삼십 세에 자기의 모양 곧 자기의 형상과 같은 아들을 낳아 이름을 셋이라 하였고(창 5:3)

즉, 셋은 아담의 형상이다.

이 모든 경우를 형상화 또는 반영의 사례라 불러도 문제가 없을 것이다. 아담과 셋의 경우는 특히 주목할 가치가 있다. 아담이 아들을 낳은 것은 단순한 우연이 아니었다. 하나님이 자신의 형상으로 아담을 만드실 때 일어났던 일을 아담은 피조물 차원에서 모방하고 있었다(창 1:26-27). 진정한 공통 패턴, 즉 '아버지 됨'의 패턴이 있다. 물론 그 패턴은 계속 이어진다. 셋은 에노스라는 아들의 아버지가 되었다(창 5:6), 에노스는 게난의 아버지가 되었다(창 5:9), …

따라서 우리는 창조 질서 속에 형상화 또는 반영의 패턴이 내재되어 있음을 볼 수 있다(아담과 셋과 에노스와 게난). 각각의 아들은 자신도 아버지가 됨으로써 자기 아버지의 패턴을 복제한다. 이러한 패턴 복제는 대리의 일반적 형태다. 더욱이 이 패턴의 기원은 창조

질서 너머에 있다. 늘 그렇듯이 원형은 하나님 자신이시다. 삼위일체의 위격들은 동일하게 하나님이시다. 그러므로 여러 상황에서(모든 상황은 아님) 그들은 우리가 진리를 얻는 과정을 반영하시거나 형상화하신다. 아버지는 전능하시다. 아들도 전능하시다. 그리고 성령도 전능하시다.

결함 극복을 위한 이해하기 힘든 대리

타락의 결과로, 죄와 그 결과를 극복하려면 또 다른 차원의 대리가 있어야 한다. 부정함에 대한 규정에서 우리는 죄의 전파에 대한 상징적 그림을 볼 수 있다. 죽음은 죄의 상징이자 죄의 궁극적 결과다. 이스라엘 백성은 사람의 시신이든 저절로 죽은 짐승의 사체든 그것에 닿으면 부정해졌다(레 11:31-39). 부정은 전파된다. 사체가 부정하다는 진리에서 사물의 새로운 상태, 즉 이제는 사체를 만진 사람이 부정하다는 진리로 움직인다는 점에서 일종의 일방향적인 대체가 있다. 어떤 상황에서는 거룩함 또한 일방향적으로 전파된다. 레위기 27장에서, 만일 어떤 사람이 이미 하나님께 바쳐진 짐승을 새 짐승으로 대리하려 하면, 둘 다 바쳐진다(레 27:10, 33).

죽음은 궁극적인 적이다. 그래서 그리스도께서 죽음의 권세 아래에 있는 자들을 구속하기 위해 자신을 죽음에 내어 주신다. 그의 죽으심은 그들 때문이다. 그는 그들을 대리하신다(히 2:14-15). 그는 그들을 대표하신다. 그는 심판에 처한 그들을 대신하신다. 그는 우리를 죽음으로부터 놓여나도록 죽음으로써 마귀를 물리치신다. 여기서도 우리는 두 번째 국면을 볼 수 있다. 그리스도께서는 영원히 죽음 상태에 계시지 않고 다시 살아나신다. 그리하여 그를 따르는 자들도 마귀의 권세에서 놓여나 영적 새 생명으로 살아난다.

그리스도의 사역의 한 차원은 마귀를 물리치고 그에게 사로잡힌 자들을 놓여나게 하는 것이다(마 12:29). 이 대속 사역에는 두 가지 국면이 있다. 그리스도께서는 자신이 구속하시는 자들을 대리해 죽음을 당하신다. 둘째, 그리스도께서는 마귀를 이기신다. 그리스도의 이 같은 승리는 구속받은 자들에게 효력이 있으며, 그래서 사탄에게 사로잡혔던 그들이 놓여난다.

우리를 위한 그리스도의 대리가 의미 있는 것은 그리스도께서 구속받은 우리 각자와 구속받은 인류 전체를 대표하시기 때문이다. 그의 사역은 아담의 역할과 비견된다(롬 5:12-21; 고전 15:44-49). 앞에서 말했듯이, 이 대리는 유일무이하다. 왜냐하면 그리스도께서 유일무이하시기 때문이다. 하지만 이것은 형상화와 반영 주제와 유사성을 보인다. 또한 반영 주제는 진리 주제와 유사성을 보인다. 성부 하나님 안에 있는 진리는 성자 안에서 표현되고 반영된다. 그리고 사람들이 진리를 알 때, 하나님의 진리가 피조물 차원에 반영된다.

대리 형벌

그리스도의 사역의 또 다른 차원은 죄에 대한 형벌에 관한 것이다. 베드로전서 2장 24절과 이사야 53장 5절에 따르면, 그리스도께서는 다른 사람들의 형벌을 짊어지신다. 자신이 당할 고난을 그가 대신 당하신 사람들은 형벌에서 놓여난다. 그러나 두 번째 국면이 있다. 그리스도의 부활은 자신에 대한 옹호이자 죽음에 대한 그의 승리다. 이 옹호는 그에게 속한 자들에게 중요하다. "의로 여기심을 받을 우리도 위함이니 곧 예수 우리 주를 죽은 자 가운데서 살리신 이를 믿는 자니라 예수는 우리가 범죄한 것 때문에 내줌이 되고 또한 우리를 의롭다 하시기 위하여 살아나셨느니라"(롬 4:24-25).

현대주의 신학은 대리 형벌에(즉, 그리스도께서 죄의 형벌을 당하심으로써 우리를 대리하셨다는 사실에) 반감을 가진다. 그것을 비합리적인 것으로 간주한다. 그러나 진짜 비합리주의는 하나님보다 더 합리적이려고 하는 것이다! 사실, 대리의 패턴은 성경에만 있는 것이 아니라 성경 밖에도, 거짓된 종교와 결함 있는 정의 시스템에도 널리 퍼져 있다. 현대주의는 교만으로 인해 자신의 빈약한 틀에 맞지 않는 것은 무엇이든 배척해 왔다.

그리스도께서는 하나님의 진노와 관련하여 우리를 대리하신다. 이 진리를 현대주의는 불편해하지만, 성경에서는 부인할 수 없는 주제다. 그리스도께서는 우리를 저주에서 구원하기 위해 저주가 되셨다. "그리스도께서 우리를 위하여 저주를 받은 바 되사 율법의 저주에서 우리를 속량하셨으니"(갈 3:13). 다음 구절인 갈라디아서 3장 14절은 두 번째 국면, 즉 복을 상속받는 것을 다룬다. [아브라함의] 자손으로서 그리스도께서는 복을 상속받으셨고, 그래서 "그리스도 예수 안에서 아브라함의 복이 이방인에게 미치게 하고 또 우리로 하여금 믿음으로 말미암아 성령의 약속을 받게" 하신다. 우리가 '그리스도 안에' 있을 때, 그리스도께서 소유하신 유업이 우리에게도 속한다. 이는 모든 신자에게 적용된다.

고무적인 사례

그리스도께서 기꺼이 죽으신 것은 그를 따르는 자들도 형제들을 위해 기꺼이 죽도록 고무하는가? 요한일서 3장 16절에 따르면, 그러하다. "그가 우리를 위하여 목숨을 버리셨으니 우리가 이로써 사랑을 알고 우리도 형제들을 위하여 목숨을 버리는 것이 마땅하니라." 하지만 주의해야 한다. 우리가 모든 면에서 그리스도를 모방할 수는 없다. 그는 죽음으로 죄를 속하셨다. 그는 유일무이한 방식으로 우리를 대표하셨다. 우리는 죄를 속하지 못한다. 우리는 죄를 짊어진 자가 되어 그 누구도 대표할 수 없다. 하지만 우리가 그리스도를 모방할 수 있는 **몇 가지 방식**이 있다. 그리스도께서는 우리를 사랑하셨다. 요한일서 3장 16절이 가르치듯이, 우리는 그리스도 안에서 형제자매들을 사랑해야 한다. 여기서 우리는 부분적인 반영 패턴을 본다. 그가 자신의 생명을 내어놓으셨듯이, 우리도 우리의 생명을 내어놓는다. 이 패턴은 유효하다. 몇몇 현대주의 신학 형태에서처럼, 만일 그것이 그리스도의 속죄 사역의 어떤 측면을 보완하기보다는 제거한다고 주장할 경우에만 그 주장은 해악이 된다. 그리스도께서는 그가 행하신 특정한 측면에서는 우리에게 본보기가 되신다. 다른 측면에서 그는 유일무이하시다. 우리는 그처럼 죄를 짊어질 수 없다. 그리스도께서는 하나님이시며 우리는 아니다.

적용

하나님이 그리스도를 내어 주셔서 우리의 죄를 짊어지게 하신 그 유일무이한 사역에 감탄하자. 또한 우리를 향하신 그리스도의 사랑과 관대함을 우리가 본받을 수 있는 특권에 감탄하자.

15장

이미 그러나 아직

그리스도 안에서 절정적이고 영원한 구원의 동이 텄다. 구원이 동텄지만, 여전히 우리는 그리스도 재림의 때의 완성을 기다리고 있다. 이미 우리는 그리스도께서 완성하신 구원을 되돌아볼 수 있다. 우리는 성령의 임재를 통해 그가 주시는 유익의 '계약금'을 누린다. 고린도후서 1장 22절은 하나님이 "**보증**으로 우리 마음에 성령을 주셨느니라"고 말한다(또한 엡 1:14을 보라). 보증에 해당하는 헬라어는, ESV 성경 난외주에서 말해 주듯이 '계약금'을 뜻할 수도 있다.

계약금 개념은 두 국면이 있음을 시사한다. 첫 번째는 계약금이 지불될 때 전개된다. 두 번째는 잔금이 지불될 때 전개된다. 따라서 그리스도께서 이루신 구속이 효력을 발휘하는 것은 두 국면을 통해서다. 여기 **이미** 존재하는 국면이 있다. 왜냐하면 그리스도께서 이미 죽으셨고 죽은 자들 가운데서 이미 살아나셨기 때문이다. 오순절 날에 성령이 이미 부은 바 되셨다(행 2:33). 또한 **아직** 오지 않은 두 번째 국면이 있다. 이 두 번째 국면은 그리스도의 재림, 몸의 부활, 그리고 새 하늘과 새 땅의 도래를 포함한다.

구원 완성의 관점으로서의 진리

우리는 진리를 이 시건에 대한 관점으로 활용할 수 있다. 그리스도께서는 이 땅에 오셔서 구원의 절정적 사역을 완성하셨다. 그의 사역을 통한 구원의 완성은 진리를 더 온전히 드러내는 일을 수반했다. 히브리서 1장 1-2절은 그 절정을 언급한다.

옛적에 선지자들을 통하여 여러 부분과 여러 모양으로 우리 조상들에게 말씀하신 하나님이 이 모든 날 마지막에는 아들을 통하여 우리에게 말씀하셨으니 이 아들을 만유의 상속자로 세우시고 또 그로 말미암아 모든 세계를 지으셨느니라

이 말씀은 선지자들의 예언 속에 구원의 메시지가 있음을 보여 줌과 아울러, 하나님이 "아들을 통하여 우리에게 말씀하"신 것이

진리를 최고조로 드러내신 것임을 강조한다. 하나님이 아시는 진리는 변하지 않지만, 하나님의 백성은 더 많이 알게 된다. 하나님과 그의 구원에 대한 진리는 구약 시대보다 신약 시대에 더 충만하고 깊게 계시된다. 구약의 성도들도 구원받았지만, 그들의 구원은 장차 오실 그리스도의 사역에 궁극적으로 근거한 것이었다.

이것이 전부가 아니다. 그림자가 실재로 대체된다. 예표와 상징은 그것이 예기했던 진리들로 대체된다(골 2:17). 그 모든 것의 중심에는 그리스도의 도래가 있다. 그리스도의 구원은 여러 방식으로 묘사될 수 있다. 그중 하나는 그리스도 자신이 진리라고 말하는 것이다(요 14:6). 그 자신이 구약성경에 나오는 약속의 핵심적인 성취이시다(고후 1:20). 구원의 한 측면은 하나님 자신이 명확한 방식으로 그의 백성에게 자신을 알리시는 것이다.

> 그들이 다시는 각기 이웃과 형제를 가르쳐 이르기를 너는 여호와를 알라 하지 아니하리니 이는 작은 자로부터 큰 자까지 다 나를 알기 때문이라(렘 31:34)

주와 그의 진리를 온전히 아는 것은 완성, 곧 새 하늘과 새 땅의 도래에 속한다(고전 13:12; 계 21:1-2; 22:4-5). 그러나 그의 진리를 아는 진정한 지식은 현재에 속한 일이기도 하다. 왜냐하면 그리스도를 믿는 자는 그를 통해 아버지를 알게 되기 때문이다.

내 아버지께서 모든 것을 내게 주셨으니 아버지 외에는 아들을 아는 자가 없고 아들과 또 **아들의 소원대로 계시를 받는 자** 외에는 아버지를 아는 자가 없느니라(마 11:27)

예수께서 이르시되 내가 곧 길이요 진리요 생명이니 나로 말미암지 않고는 아버지께로 올 자가 없느니라 너희가 나를 알았더라면 내 아버지도 알았으리로다 **이제부터는 너희가** 그를 알았고 또 보았느니라(요 14:6-7)

계시의 초점이신 예수

예수님은 참되신 하나님을 알게 하시는 분이다.

본래 하나님을 본 사람이 없으되 아버지 품 속에 있는 독생하신 하나님이 나타내셨느니라(요 1:18)

영생은 곧 유일하신 참 하나님과 그가 보내신 자 예수 그리스도를 아는 것이니이다(요 17:3)

하나님을 아는 지식은 신자들에게 두 단계를 통해 주어진다. 성령의 은사를 통해, 우리는 **이미** 지식에 들어갔다. 그리고 우리는 그리스도께서 재림하실 때 **더 온전히** 알게 될 것이다. 히브리서 1장 2절은 진리를 아는 우리의 현재 지식에 초점을 맞춘다. "이 모든 날 마지막에는 아들을 통하여 우리에게 말씀하셨으니." 고린도전서 13장 12절은 미래의 더 온전한 지식에 초점을 맞춘다.

> 우리가 지금은 거울로 보는 것 같이 희미하나 그 때에는 얼굴과 얼굴을 대하여 볼 것이요 지금은 내가 부분적으로 아나 그 때에는 주께서 나를 아신 것 같이 내가 온전히 알리라

요컨대, 우리는 두 국면을 통해 진리를 받아들인다. 현재 국면에서, 믿는 우리는 하나님이 그리스도와 그의 사역에 대해 우리에게 주신 진리를 지니고 있다. 하지만 우리가 그 진리를 충만하게 지니고 있지는 않다. 이 두 국면의 패턴은 진리의 두 국면은 물론이고 구원의 다른 측면의 두 국면에도 드러난다.

구원의 보완적 측면

구원이 협의의 지적 변화만을 가려오는 것이 아니라는 점을 말하는 것이 중요하다. 또한 단순히 더 많은 정보를 갖게 되는 것도 아니다. 우리가 구원을 통해 얻는 진리에 대한 지식은 인격적이신 하나님에 대한 인격적인 지식이다. 이 지식은 하나님과의 친교를

통해서만 얻을 수 있다. 그런데 하나님과의 친교는 하나님의 거룩하심과 우리의 죄로 인한 모든 장벽이 제거됨으로써만 가능해진다. 그러므로 세상에서 어떤 일이 일어나야 한다. 예수님이 우리의 죄를 짊어지셔야 하고 우리의 죄책을 담당하셔야 한다. 하지만 이런 일 자체는 구원의 진리의 일부이며, 우리가 알 수 있도록 구원의 메시지를 통해 선포된다. 하나님은 우리가 진리를 우리 안에서 경험하며 하나님과의 인격적인 친교를 풍성하게 누릴 수 있게 하실 뿐만 아니라 그 진리를 지적으로도 받아들일 수 있게 하신다. 따라서 진리는 구원의 전체 범위를 보게 하는 관점으로 활용될 수 있다.

적용

하나님은 우리를 부르셔서 우리가 이미 받은 구원을 누리게 하신다.

내가 이것을 너희에게 이름은 **내 기쁨**이 너희 안에 있어 **너희 기쁨**을 충만하게 하려 함이라(요 15:11)

지금은 너희가 근심하나 내가 다시 너희를 보리니 너희 마음이 **기쁠** 것이요 **너희 기쁨**을 빼앗을 자가 없으리라(요 16:22)

지금까지는 너희가 내 이름으로 아무 것도 구하지 아니하였으나 구하라 그리하면 받으리니 **너희 기쁨**이 충만하리라(요 16:24)

이것을 너희에게 이르는 것은 너희로 내 안에서 평안을 누리게 하려 함이라 세상에서는 너희가 환난을 당하나 담대하라 내가 세상을 이기었노라(요 16:33)

또한 하나님은 우리가 그리스도께서 다시 오실 때 그의 구원이 온전히 적용되기를 기다리면서 인내와 소망을 갖도록 우리를 부르신다(롬 5:2-4; 8:24-25).

4부

/

구속의 적용

16장

구원을 주도하시는 하나님

그리스도께서는 우리의 구원을 성취하셨다. 그렇다면 그것은 어떻게 적용되는가? 그의 구원은 포괄적이다. 구원은 타락으로 인한 모든 결과에 관여한다. 마지막 아담이신 그리스도께서는 아담이 이루지 못한 통치를 이루셨다. 그리스도께로 갈 때 우리는 그의 성취에 따른 모든 유익을 누린다. 이 유익은 다방면에 걸친다. 그중 일부를 살펴보자.

복음의 도래

그리스도의 성취에 따른 결과로서, 복음 메시지가 세상에 전해진다. 그리스도께서는 그의 제자들에게 예루살렘에서부터 시작하도록 명령하신다.

> 오직 성령이 너희에게 임하시면 너희가 권능을 받고 예루살렘과 온 유대와 사마리아와 땅 끝까지 이르러 내 증인이 되리라 하시니라(행 1:8)

복음 메시지는 진리의 메시지다. 이 메시지는 선포되는 핵심 진리, 그리고 진리에 응답하도록 사람들을 부르는 일에 초점을 맞춘다. 진리는 일어난 일에 대한, 그리고 하나님이 계획하시며 미리 아신 일에 대한 정보를 담고 있다(행 2:23). 하지만 이 정보는 반응을 요구한다. 이런 면에서, 진리에는 반응에 대한 요구가 담겨 있다. 또한 이 진리는 성령의 권능으로 전파되므로 권능을 지닌다. 성령은 사람들이 믿음으로 반응할 수 있게 하신다. "주께서 그[루디아의] 마음을 열어 바울의 말을 따르게 하시지라"(행 16:14).

효력 있는 부르심

'효력 있는 부르심'은 하나님이 어떻게 사람들을 믿음으로 인도하시는지를 설명하기 위해 사용하는 신학 용어다. 그는 복음을 선포하시는 그의 음성을 통해 사람들을 '부르신다.' 그 부르심이 '효력 있다'는 것은 하나님이 의도하신 반응을 효과적으로 야기하심을 뜻한다. 효력 있는 부르심을 받는 사람들은 하나님의 성령의 사역으로 인해 감동되고 변화되어 믿음의 반응을 보인다.

그러나 타락 이후, 타락 상태에 놓인 인간은 진리에 적대적이다. 특히 복음 진리에 적대적이다. 그들이 보기에 그것은 어리석다.

하나님의 지혜에 있어서는 이 세상이 자기 지혜로 하나님을 알지 못하므로 하나님께서 전도의 미련한 것으로 믿는 자들을 구원하시기를 기뻐하셨도다 유대인은 표적을 구하고 헬라인은 지혜를 찾으나 우리는 십자가에 못 박힌 그리스도를 전하니 유대인에게는 거리끼는 것이요 이방인에게는 미련한 것이로되 오직 부르심을 받은 자들에게는 유대인이나 헬라인이나 그리스도는 하나님의 능력이요 하나님의 지혜니라 하나님의 어리석음이 사람보다 지혜롭고 하나님의 약하심이 사람보다 강하니라(고전 1:21-25)

에베소서 2장 1절이 알려 주듯이 인간은 "허물과 죄로" 죽어 있다. 이 죽은 상태는 그들이 진리에 반응하는 방식과 관련 있다. 에베소서 2장 5절이 지적하는 것처럼 새로운 생명으로 거듭나지 않으면 그들은 진리를 올바로 받아들이지 못한다. 이 거듭남은 오직 그리스도를 통해서만 가능하다. "우리를 그리스도와 함께 살리셨고." 새로운 생명은 하나님이 누구신지에 대한 그리고 그가 무엇을 행하셨는지에 대한 진리와 함께 찾아온다. 그리고 새로운 생명 안에서 새 신자는 진리를 받아들인다. 진리는 성령으로부터 오는 진리다. 성령은 진리를 효력 있게 하는 영적 권능을 지니고 계신다. 효력 있는 부르심은 성령의 권능으로 이루어지는 진리의 사역이다. 사도 바울이 말하듯, "이는 우리 복음이 너희에게 말로만 이른 것이 아니라 또한 능력과 성령과 큰 확신으로 된 것"이다(살전 1:5).

변화시키는 진리

진리가 성령의 권능과 함께 오면, 진리는 변화시킨다. 다시 한번 우리는 이 진리가 단순히 사람들이 마음속에 새로운 생각을 가지게 해 그들의 마음을 변화시키기만 하지는 않는다는 사실을 강조할 수 있다. 사람들은 믿음을 통해, 성령의 권능으로, 그리스도와 영적으로 만난다. 그들은 그리스도와 인격적 연합을 이룬다. 그들은 **전인**이 변화된다.

요한복음 3장은 새로운 생명 이미지를 사용한다. 새로운 생명은 새로움을 급진적으로 묘사한 것이다. 고린도후서 5장 17절은 "새로운 피조물"이라고 표현한다. 에베소서 2장 5절은 그리스도와 함께 새로운 생명으로 살리심받음을 그린다. 골로새서 3장 1절도 이러한 변화를 전제한다. "그러므로 너희가 그리스도와 함께 다시 살리심을 받았으면 위의 것을 찾으라." 효력 있는 부르심으로 특징되는 변화는 완전히 새로운 생명의 시작이며, 이 땅에서 살면서 새 하늘과 새 땅에서의 영원한 생명을 내다보는 것이다.

적용

우리가 믿음을 가지고 그에게 나아가도록 역사하시는 주께 감사드리자. 우리에게는 그렇게 될 자격이 없다(엡 2:8-9). 또한 우리를 통해 우리 주변으로, 온 세상으로 복음이 전파될 때 계속해서 사람들을 믿음으로 인도해 주시기를 하나님께 간구하자.

17장

칭의와 성화

우리는 진리 주제와 관련하여 계속해서 구원의 유익을 살펴볼 것이다. 그 유익 중 하나가 용서다.

칭의

'칭의'(justification)는 완전하고 거저 얻는 용서의 유익을 요약하기 위해 일반적으로 사용하는 전문 용어다.[1] 그리스도와 그의 의로 인해 우리의 죄가 용서되어 다시는 우리에게 짐이 되지 않는다. 적극적으로는, 우리는 그리스도의 의를 상속받아 하나님 보시기에 완벽하게 긍정적인 지위를 누리게 된다.

우리는 이미 하나님의 심판에서 의롭다는 판결을 받았다.

> 누가 능히 하나님께서 택하신 자들을 고발하리요 **의롭다** 하신 이는 하나님이시니 누가 정죄하리요 죽으실 뿐 아니라 다시 살아나신 이는 그리스도 예수시니 그는 하나님 우편에 계신 자요 우리를 위하여 간구하시는 자시니라(롬 8:33-34)

이 문맥에서 '의롭다 하신다'는 것은 재판관으로서 판결을 선언하심을 가리킨다. 하나님은 그리스도 안에 있는 우리에게 "너는 무죄다"라고 말씀하신다. 의롭다 하심을 받는 것은 정죄받는 것의 반대다(롬 8:1). 그 배경은 인간 법정에 대한 구약성경의 묘사에서 찾을 수 있다. 재판관은 성실하게 행해야 한다. 그는 무죄한 자에게 무죄를 선고하고 죄를 범한 자를 정죄해야 한다.

> 사람들 사이에 시비가 생겨 재판을 청하면 재판장은 그들을 재판하여 의인은 의롭다 하고 악인은 정죄할 것이며(신 25:1; 출 23:7 참조)

진리와 관련지어 본 칭의

이런 유익을 진리 관점에서 생각할 때 눈에 띄는 측면은 재판관의 판결이 진리와 조화를 이루어야 한다는 것이다. 재판관은 무죄한 자에게 무죄를 선언해야 하는데 이는 그가 무죄하기 때문이다. 재판관은 죄를 범한 자를 정죄해야 하는데 이는 그가 정말 죄를 범했기 때문이다. 인간 재판관이 달리 행동하는 것은 공의를 왜곡하는 것이다(출 23:2, 6; 신 16:19-20; 24:17).

이제 우리는 재판관이신 하나님에 대해 질문해야 한다. 하나님은 원형적 재판관이시다. 인간 재판관은 유한한 차원에서 하나님의 궁극적인 심판을 반영한다. 인간 재판관에게 적용되는 기준은 하나님께 적용되는 기준과 다를까? 엄청난 차이가 있다. 하나님은 창조주이시며 무한한 원천이시기 때문이다. 그러나 하나님의 심판의 공의는 인간 재판관도 적용해야 하는 기준이다. 하나님은 진리의 하나님이시므로 하나님의 심판은 언제나 진리와 일치할 것이다.

이런 통찰은 죄 사함에 대한 우리의 사고방식에 영향을 미친다. 이 죄 사함은 하나님이 단지 눈을 돌이키셔서 심판 대상인 사람의 실태를 주목하지 않으신다는 것이 아니다. 하나님은 사실상 이렇게 말씀하시는 것이 아니다. "이자가 실제로는 무수한 죄를 범해 죽어 마땅하지만 나는 내 일반적인 기준을 적용하지 않고 이자를 방면하기로 결정했다."

우리는 좀 더 명확한 말로 거들 수 있다. 그리스도께서는 왜 죽으셔야 했는가? 그는 죄책이 처리되어야 했기에 죽으셔야 했다.

> 그가 징계를 받으므로 우리는 평화를 누리고

그가 채찍에 맞으므로 우리는 나음을 받았도다
우리는 다 양 같아서 그릇 행하여
각기 제 길로 갔거늘
여호와께서는 우리 모두의 죄악을
그에게 담당시키셨도다(사 53:5-6)

그리스도와의 연합을 통해 우리는 성부 하나님이 우리에게 주기로 선포하신 진정한 지위를 **얻는다**. 우리는 진정으로 무죄하고 죄책이 없다. 이는 우리 자신이 내재적으로 지닌 선 때문이 아니다. 그리스도의 참된 의가 우리 것이 되었기 때문이다. "하나님이 죄를 알지도 못하신 이를 우리를 대신하여 죄로 삼으신 것은 우리로 하여금 그 안에서 하나님의 의가 되게 하려 하심이라"(고후 5:21).

그 결과, 의롭다 함과 죄 사함을 받은 우리의 상태가 진리와 부합한다. 하나님이 선언하신 칭의는 진리의 선언이다.

성화

'성화'(sanctification)는 우리를 점점 더 의와 거룩에 일치시키시는 하나님의 사역을 설명하기 위해 일반적으로 사용하는 전문 용어다.[2] 우리는 인격과 생각과 행동이 점점 더 그리스도를 닮아 간다. 어떤 이들은 갱신의 첫 단계가 효력 있는 부르심과 중생으로 시작된다고 본다. 하지만 '성화'라는 말은 갱신과 회심이라는 초기 단계에 이어지는 하나님의 점진적인 사역과 관련해 더 자주 사용된다.

갱신하고 변화시키시는 하나님의 사역은 진리를 통해 일어난다. 예수님은 "그들을 진리로 거룩하게 하옵소서 아버지의 말씀은 진리니이다"(요 17:17)라고 말씀하신다. 이 문맥에서 예수님은 제자들에게 주시는, 아버지로부터 나오는 말씀에 초점을 맞추신다. "내가 아버지의 말씀을 그들에게 주었사오매 세상이 그들을 미워하였사오니 이는 내가 세상에 속하지 아니함 같이 그들도 세상에 속하지 아니함으로 인함이니이다"(요 17:14). 더 앞에서, 예수님은 자신이 주시는 진리의 말씀을 더 확장해 설명하신다.

> 세상 중에서 내게 주신 사람들에게 내가 아버지의 이름을 나타내었나이다 그들은 아버지의 것이었는데 내게 주셨으며 그들은 아버지의 말씀을 지키었나이다 지금 그들은 아버지께서 내게 주신 것이 다 아버지로부터 온 것인 줄 알았나이다 나는 아버지께서 내게 주신 말씀들을 그들에게 주었사오며 그들은 이것을 받고 내가 아버지께로부터 나온 줄을 참으로 아오며 아버지께서 나를 보내신 줄도 믿었사옵나이다(요 17:6-8)

게다가 우리는 참된 거룩함의 **기준**이 하나님의 거룩하심에 있음을 알고 있다. 이 거룩함은 우리를 위해 십계명 안에 요약된 하나님의 율법에 표현되어 있다. 하나님에 대한 진리가 십계명의 진리 안에 표현되어 있다. 십계명은 우리에게 거룩함에 대한 진리를 제공한다. 우리 안에 있는 거룩함은 진리를 따른다.

예수님이 제자도를 어떻게 요약하시는지에 주목한다면 우리도 동일한 결론에 도달할 수 있다. 그의 제자가 되는 것은 그를 사랑하며 그의 계명을 지키는 일을 수반한다.

너희가 나를 사랑하면 나의 계명을 지키리라(요 14:15)

나의 계명을 지키는 자라야 나를 사랑하는 사니 나를 사랑하는 자는 내 아버지께 사랑을 받을 것이요 나도 그를 사랑하여 그에게 나를 나타내리라(요 14:21)

나를 사랑하지 아니하는 자는 내 말을 지키지 아니하나니 너희가 듣는 말은 내 말이 아니요 나를 보내신 아버지의 말씀이니라(요 14:24)

너희는 내가 일러준 말로 이미 깨끗하여졌으니(요 15:3)

너희가 내 안에 거하고 **내 말**이 너희 안에 거하면 무엇이든지 원하는 대로 구하라 그리하면 이루리라(요 15:7)

아버지께서 나를 사랑하신 것 같이 나도 너희를 사랑하였으니 나의 사랑 안에 거하라 내가 아버지의 계명을 지켜 그의 사랑 안에 거하는 것 같이 너희도 내 계명을 지키면 내 사랑 안에 거하리라 (요 15:9-10)

이 구절들은 제자도와 사랑에 대한 **말씀** 중심 진술이다. 예수님은 그저 우리가 말씀만 지니고서 그 말씀에 관심을 갖지도, 그것을 지키지도 않도록 하기 위해 말씀을 주신 것이 아니다. 오히려 그 말씀은 진리의 말씀이며, 그것을 지키는 것은 진리이신(요 14:6) 분과 연합됨을 표현한다. 달리 말해 우리는 참포도나무이신 '그 안에 거해야' 한다(요 15:1-11). 그 자신 진리이신 하나님이 행하시는 것처럼 우리도 진실하게 행해야 한다.

우리는 이를 다르게 표현할 수 있다. 성화는 우리의 생명이요 거룩함이신 그리스도를 따름을 뜻한다. 따라서 그것은 그 안에 있는 진리를 따르는 것이다(요 14:6; 엡 4:21).

적용

그리스도와 그의 말씀 안에 거함으로써, 그리고 그 말씀이 우리 마음속에 거하게 함으로써 그 안에서 자라 가자(요 15:7).

18장

교회

교회는 그리스도의 몸이다. 또한 디모데전서 3장 15절에 따르면 교회는 "**진리**의 기둥과 터"다. 구속의 적용을 다룬 앞 장들에서는 어느 정도 개인에게 일어나는 일에 초점을 맞추었다. 그러나 구속은 공동체적 차원도 지닌다. 우리가 진리를 관점으로 활용할 때, 진리가 공동체적 차원을 지님을 상기하게 된다.

진리를 나눔

개개인이 진리를 말한다. 그런데 진리는 대화와 공동체를 통해 강화되기도 한다. 교회는 하나님이 "진리의 기둥과 터"로 지으신 공동체다. 복음의 진리가 거듭 들리고, 교회의 한 구성원으로부터 다른 구성원으로 전해진다. 에베소서 4장 11절은 특히 진리를 맡는 일에 특별한 은사를 받은 사람들에게 초점을 맞춘다.

> 그가 어떤 사람은 사도로, 어떤 사람은 선지자로, 어떤 사람은 복음 전하는 자로, 어떤 사람은 목사와 교사로 삼으셨으니

바로 이어지는 구절은 어떻게 이들이 다른 이들을 돕고, 온몸이 협력하여 성숙을 향해 자라날 수 있게 되는지를 알려 준다.

> 이는 성도를 온전하게 하여 봉사의 일을 하게 하며 그리스도의 몸을 세우려 하심이라 우리가 다 하나님의 아들을 믿는 것과 아는 일에 하나가 되어 온전한 사람을 이루어 그리스도의 장성한 분량이 충만한 데까지 이르리니 (엡 4:12-13)

복합적이고 풍성한 협력이 있다. 몸의 연합은 실천적인 것을 뜻한다. 에베소서 4장 14-16절은 서로를 세워 주기 위한 진리의 작용을 더 상세히 묘사한다.

> 이는 우리가 이제부터 어린 아이가 되지 아니하여 사람의 속임수와 간사한 유혹에 빠져 온갖 교훈의 풍조에 밀려 요동하지 않게

하려 함이라 오직 사랑 안에서 참된 것을 하여 범사에 그에게까지 자랄지라 그는 머리니 곧 그리스도라 그에게서 온 몸이 각 마디를 통하여 도움을 받음으로 연결되고 결합되어 각 지체의 분량대로 역사하여 그 몸을 자라게 하며 사랑 안에서 스스로 세우느니라

우리가 사랑 안에서 진리를 실천하는 것을 진리 주제 아래에 포함하면 공동 행동의 중요성을 더욱 분명히 확인할 수 있다. "사랑 안에서 참된 것을 하"는 것은(15절) 하나의 분명한 역할이지만, 그 다음 결과는 몸이 "사랑 안에서 스스로 세우"는 것이다(16절).

성례전

또한 우리는 성례전(세례와 성만찬)의 역할을 교회의 전반적인 주제 아래에 포함할 수 있다. 예수님은 죽으시고 부활하신 후에 말씀을 통해 이 상징적인 행동을 실천하도록 교회에 지시하셨다(마 28:18-20; 눅 22:19-20; 고전 11:24-25). 따라서 이 상징적인 행동의 기원은 진리, 즉 예수님이 이 상징적인 행동을 설명하실 때 말씀하신 진리에 있다. 아울러 예수님의 설명은 이 상징적인 행동에 상징적인 가치를 부여한다. 성례전에는 의미가 있다. 그 의미는 예수님이 성례전에 대해 말씀하신 내용과 신약성경 서신들의 추가 설명 그리고 구약성경의 배경적인 의미에 근거한다. 구약성경의 배경적인 의

미란 정결 예식(히 6:2), "모세에게 속하여" 홍해에서 받은 세례(고전 10:2 참조), 유월절(눅 22:14-20), 그리고 기타 구약의 절기들이다. 그러므로 성례전은 하나님의 진리, 곧 복음의 진리를 짊어진다.

진리의 이러한 측면은 성례전이 진리를 전달하는 도구임을 보여 준다. 한 가지 이론, 즉 기억 이론은 성례전의 핵심을 예수님이 제자들을 위해 행하신 일을 그들에게 상기시키는 교육 도구가 되는 것이라고 한다. 그것은 분명 성례전의 일부 기능이다. 하지만 표지는 그것이 뜻하는 바와 함께한다. 그러므로 믿음으로 진리를 받아들이는 자는 그 표지를 통해 그리스도와 그의 약속을 받아들인다. 즉, 그는 믿음으로 진리를 받아들임으로써 물로 세례를 받을 뿐 아니라 세례가 **뜻하는** 것을 받아들인다. 그는 성령으로 세례를 받아 그리스도께 속한다. 그는 성찬식에 참예해 그리스도의 살과 피를 먹고 마신다. 성령의 권능으로 진리의 역동적인 능력이 임할 때 이러한 결과를 낳는다.

적용

그리스도 안에서 형제자매인 교회를 우리에게 주신 주께 감사드리자. 우리가 개인적으로 성경을 읽을 때뿐 아니라 몸인 교회 안에서 공동으로 진리를 말할 때도 임하는 진리의 사역에 감사하자. 세례와 성만찬이라는 성례전을 우리에게 주신 주께 감사드리자.

19장

완성

앞에서 우리는 구속의 적용이 두 단계로 이루어짐을 보았다(15장). 구속의 절정은 이미 과거에 이루어졌다. 그리스도께서 죽은 자 가운데서 살아나셨다. 하지만 우리는 구속의 완성을 아직 보지 않고 있다.

완성과 진리

완성이란 진리 명시의 완성을 가리킨다. 우리의 존재 목표는 하나님과의 친교다. 이 친교는 요한계시록 22장 3-4절에서 대면하여 나누는 친밀한 교제로 묘사된다.

다시 저주가 없으며 하나님과 그 어린 양의 보좌가 그 가운데에 있으리니 그의 종들이 그를 섬기며 그의 얼굴을 볼 터이요 그의 이름도 그들의 이마에 있으리라

우리는 하나님을 더 온전히 알게 될 것이다. "지금은 내가 부분적으로 아나 그 때에는 주께서 나를 아신 것 같이 내가 온전히 알리라"(고전 13:12). 우리가 여전히 피조물로 남는다는 사실에 비추어 볼 때, 이 구절은 우리가 하나님의 전지성을 지닐 것을 뜻하지 않는다. 하지만 명확하고 깊은 지식이 있을 것이다. 이 같은 지식의 깊이는 하나님이 우리를 아시는 명확하고 깊은 지식과 유사하다. 진리를 온전히 아는 것은 하나님을 아는 것이다.

더 많은 진리를 아는 것은 진리를 더 많이 소유하고 누림을 뜻한다. 이는 하나님과 친교하는 인간 존재의 다른 여러 측면이 더욱 완성되어 감을 의미한다.

심판

진리의 명시인 완성은 심판의 명시를 포함한다. 마지막 심판은 지금까지 감춰져 온 것을 밝히 드러낸다.

또 내가 보니 죽은 자들이 큰 자나 작은 자나 그 보좌 앞에 서 있

는데 책들이 펴 있고 또 다른 책이 펴졌으니 곧 생명책이라 죽은 **자들이 자기 행위를 따라 책들에 기록된 대로** 심판을 받으니 바다가 그 가운데에서 죽은 자들을 내주고 또 사망과 음부도 그 가운데에서 죽은 자들을 내주매 각 사람이 자기의 행위대로 심판을 받고(계 20:12-13)

이 심판은 진리를 밝히 드러내는 심판이다. 또한 진리와 완벽하게 일치하는 심판이다. 이 심판은 "각 사람이 자기의 행위대로" 받는다(12, 13절). 모든 사람이 자신이 마땅히 받아야 할 것을 받는다. 만일 그리스도 안에서 우리의 이름이 생명책에 기록되어 있다는 약속이 없다면 우리 모두는 그 결과를 두려워할 것이다. 우리는 그리스도 안에 있는 것에 따라, 그의 완전하신 의에 따라 심판을 받는다. 우리는 참된 것에 따라 심판을 받는다.

약속

진리 명시는 그 확실함의 명시를 포함한다. 하나님은 자신의 약속을 이루실 것이 확실하다.

보좌에 앉으신 이가 이르시되 보라 내가 만물을 새롭게 하노라 하시고 또 이르시되 이 말은 신실하고 참되니 기록하라 하시고(계 21:5)

아름다움과 영광 명시

하나님의 진리는 아름답고 영화롭다. 따라서 진리 명시는 아름다움과 영광의 명시이기도 하다. 새 세상의 특성이 그러하다.

> 성령으로 나를 데리고 크고 높은 산으로 올라가 하나님께로부터 하늘에서 내려오는 거룩한 성 예루살렘을 보이니 하나님의 영광이 있어 그 성의 빛이 지극히 귀한 보석 같고 벽옥과 수정 같이 맑더라 … 그 성은 해나 달의 비침이 쓸 데 없으니 이는 하나님의 영광이 비치고 어린 양이 그 등불이 되심이라(계 21:10-11, 23)

새 세상은 우리의 가장 영화로우신 구주의 영광을 반영한다. "주 하나님이 그들에게 비치심이라"(계 22:5).

적용

새 세상을 묘사하는 환상을 읽을 때 그 말씀과 그 말씀의 진리가 우리가 기도하고, 선한 일을 하고, 주의 재림을 대망하기를 북돋게 하자.

> 이것들을 증언하신 이가 이르시되 내가 진실로 속히 오리라 하시거늘 아멘 주 예수여 오시옵소서(계 22:20)

결론

 우리는 탐구를 확대할 수 있다. 진리는 하나님의 한 속성이다(요 3:33). 따라서 진리는 하나님에 대한 관점이 될 수 있다. 만일 진리가 하나님에 대한 관점이라면, 그것은 또한 하나님이 행하시는 모든 일에 대한 관점이 될 수도 있다. 그것은 창조와 구속과 완성에 대한 관점이 될 수도 있다. 진리 주제를 이렇게 활용하면 하나님 안에 있는, 그리고 그의 사역 안에 있는 통일성과 일관성을 상기하게 된다. 하나님의 계획들은 세상 사건의 모든 세부 사항을 포괄한다(마 10:30). 하지만 그것은 또한 합리적인 일관성과 자애로우신 조화라는 측면에서 하나의 계획이기도 하다.

 하나님은 자신이 무엇을 하고 있는지를 정확히 아신다. 이 사실은 우리를 안전하게 한다. 하나님은 자신의 무한한 지혜로 계획한 일을 정확히 이루신다. 이 사실은 우리를 안전하게 한다. 그의 말씀은 참되다. 이 사실은 우리를 안전하게 한다. 이 모든 것이 하나님이 진리이심을 드러낸다(요 3:33). 하나님의 말씀은 진리다(요 1:1; 14:6). 그가 우리에게 말씀하시는 것은 진리다(요 17:17). 역사 전체는 그의 신실하심을 드러낸다. 우리는 현재에도 "말할 수 없는 영광스러운 즐거움으로 기뻐"할 수 있다(벧전 1:8).

머리말: 관점으로서의 진리

1) 성경의 신적 권위를 확인하기 위해, 독자들은 이를 설명하는 탁월한 도서들을 많이 참조할 수 있다. 특히, Benjamin B. Warfield, *The Inspiration and Authority of the Bible* (Philadelphia: Presbyterian & Reformed, 1948); John M. Frame, *The Doctrine of the Word of God* (Phillipsburg, NJ: P&R, 2010)을 보라. 성경을 어떻게 해석할지에 대해서는 Vern S. Poythress, *God-Centered Biblical Interpretation* (Phillipsburg, NJ: P&R, 1999); Vern S. Poythress, *Reading the Word of God in the Presence of God: A Handbook for Biblical Interpretation* (Wheaton, IL: Crossway, 2016)을 참고할 수 있다.

2) 예를 들어 http://www.pcaac.org/bco/westminster-confession/(2020년 6월 1일 접속)을 보라. 웨스트민스터 신학교와 미국의 보수적인 장로교회들은 교사들이 신앙고백 표준문서의 개별 사항에 이의를 제기할 수 있지만 전체적인 교리 체계에는 동의해야 한다고 인정한다. 또한 the Three Forms of Unity, http://www.urcna.org/sysfiles/member/custom/custom.cfm?memberid=1651&customid=24288(2021년 2월 2일 접속)을 보라.

3) 관점에 대해서는 John M. Frame, "A Primer on Perspectivalism," 2008, http://frame-poythress.org/a-primer-on-perspectivalism-revised-2008/(2016년 11월 21일 접속); Vern S. Poythress, *Symphonic Theology: The Validity of Multiple Perspectives in Theology* (repr. Phillipsburg, NJ: P&R, 2001); Vern S. Poythress, *Knowing and the Trinity: How Perspectives in Human Knowledge Imitate the Trinity* (Phillipsburg, NJ: P&R, 2018)를 보라.

4) 웨스트민스터 신앙고백 1장 7항은 이렇게 요약한다. "성경에 기록된 모든 것이 그 자체가 동일하게 평이한 것도 아니고 모두에게 동일하게 분명한 것도 아니지만, 구원을 위해 꼭 알아야 하고 믿어야 하고 준수해야 하는 것들은 성경의 여기 저기에 매우 분명하게 제시되어 있고 열려 있어서, 유식한 사람뿐 아니라 무식한 사람도 평범한 수단을 바르게만 사용하면 그것들의 충족한 이해에 도달할 수 있다."

1장 하나님의 존재

1) 이 말에는 약간의 난제가 있다. 왜냐하면 그릇된 어떤 것과 관련하여, 하나님은 그것이 그릇됨을 아시기 때문이다. 그렇다면 하나님은 모든 그릇된 것을 '아실까?' 이 물음에 대한 답은 우리가 **안다**는 말을 어떻게 사용하느냐에 의존한다. 나는 **안다**는 말을 매우 일상적인 방식으로 사용한다. 이 용법에 따르면, 우리는 참된 것을 알 수 있다. 하지만 그릇된 것을 참으로(as true) 알 수 없다. 왜냐하면 그것은 전혀 지식이 아니며 잘못된 믿음이기 때문이다.

예를 들어 보자. 하나님은 2+2=4를 아시지만, 2+2=5를 알지 못하신다(2+2=5를 아신다고 주장하는 것은 잘못이다). 또한 하나님은 2+2=5가 그릇됨을 아신다. 그러나 그가 아시는 것은 2+2=5가 아니라 '2+2=5는 그릇되다'다.

2) 유사한 설명은 Vern S. Poythress, *Redeeming Science: A God-Centered Approach* (Wheaton, IL: Crossway, 2006), 14장을 보라.

3) Vern S. Poythress, *The Mystery of the Trinity: A Trinitarian Approach to the Attributes of God* (Phillpsburg, NJ: P&R, 2020), 6장.

4) 사도신경의 내용이다.

5) Vern S. Poythress, *Logic: A God-Centered Approach to the Foundation of Western Thought* (Wheaton, IL: Crossway, 2013), 45장; Vern S. Poythress, *Redeeming Mathematics: A God-Centered Approach* (Wheaton, IL: Crossway, 2015), 8장; Vern S. Poythress, "The Quest for Wisdom," in *Resurrection and Eschatology: Theology in Service of the Church: Essays in Honor of Richard B. Gaffin, Jr.*, 86–114, ed. Lane G. Tipton and Jeffrey C. Waddington (Phillipsburg, NJ: P&R, 2008), http://frame-poythress.og/the-quest-for-wisdom/.

6) Vern S. Poythress, *The Mystery of the Trinity: A Trinitarian Approach to the Attributes of God* (Phillpsburg, NJ: P&R, 2020), 3장.

7) Poythress, *The Mystery of the Trinity*, 9장.

2장 하나님의 속성

1) Vern S. Poythress, *The Shadow of Christ in the Law of Moses* (1991; repr., Phillipsburg, NJ: P&R, 1995), 9장.

3장 삼위일체

1) Vern S. Poythress, *Knowing and the Trinity: How Perspectives in Human Knowledge Imitate the Trinity* (Phillipsburg, NJ: P&R, 2018), 6장.

2) Vern S. Poythress, *Knowing and the Trinity*, 8장.

3) Poythress, *Knowing and the Trinity*, 317-18. 다음을 모방했다. Augustine, "On the Holy Trinity," in *Nicene and Post-Nicene Fathers*, 1st. series, ed. Philip Schaff (London: T&T Clark, 1980), 3:124 (8.10); 3:215-17 (15.17).

4) Poythress, *Knowing and the Trinity*, 8장.

5) Poythress, *Knowing and the Trinity*, 8장.

6) Poythress, *Knowing and the Trinity*, 7장.

4장 하나님의 계획

1) 참조, Loraine Boettner, *The Reformed Doctrine of Predestination* (Grand Rapids, MI: Eerdmans, 1936) 『칼빈주의 예정론』, 보문출판사; Vern S. Poythress, *Chance and the Sovereignty of God: A God-Centered Approach to Probability and Random Events* (Wheaton, IL: Crossway, 2014), 1부.

2) Poythress, *Chance and the Sovereignty of God*, 5장.

3) Vern S. Poythress, *The Mystery of the Trinity: A Trinitarian Approach to the Attributes of God* (Phillpsburg, NJ: P&R, 2020), 40장.

4) Poythress, *The Mystery of the Trinity*, 58-60.

5장 창조

1) Vern S. Poythress, *Knowing and the Trinity: How Perspectives in Human Knowledge Imitate the Trinity* (Phillipsburg, NJ: P&R, 2018), 83-89.

2) Vern S. Poythress, *Redeeming Science: A God-Centered Approach* (Wheaton, IL: Crossway, 2006); Vern S. Poythress, *Interpreting Eden: A Guide to Faithfully Reading and Understanding Genesis 1-3* (Wheaton, IL: Crossway, 2019). 『천지창조에서 에덴까지』, 새물결플러스

7장 계시

1) Vern S. Poythress, *Redeeming Science: A God-Centered Approach* (Wheaton, IL: Crossway, 2006), 2장.

2) 내가 알기로는, 현대 서구의 대학에서는 성경에 대한 역사비평적 접근이 지배적이다. 그 방법론은 이 구절들이 예수님이 말씀하신 것이라는 단언이 인간 저자들의 주장에 그치지 않고 정말 예수의 가르침을 나타내는 것인지 의문을 제기한다. 이 견해에 대해 논의하는 것은 긴 우회로로 이어질 것이다(참조, Vern S. Poythress, *Inerrancy and Worldview: Answering Modern Challenges to the Bible* [Wheaton, IL: Crossway, 2012]). 주의 깊게 조사해 보면 이 역사비평적 전통 전체가 진리에 의존함을 알 수 있다. 그것은 진리를 부인하기 위해, 하나님에 대한 진리의 분명한 증언과 함께, 진리를 사용한다. 좋은 출발점이 아니다. 예수님의 제자인 것이 더 낫다. 만일 예수님이 우리에게 말씀하시는 것을 인정하지 않으면 우리는 예수님의 제자가 될 수 없다. 그는 성경에서 그렇게 하신다.
현대 주류 학계의 상황에 대해 이토록 부정적이어야 한다는 것은 서글픈 일이다. 하지만 우리는 좋은 상태에 있지 않다. 우리는 하나님의 지혜를 거부해 왔다(잠 4:7).

3) 참조, Poythress, *Inerrancy and Worldview*.

8장 인간의 기원과 특성

1) Ann Gauger, Douglas Axe, and Casey Luskin, *Science and Human Origins* (Seattle: Discovery Institute Press, 2010); J. P. Versteeg, *Adam in the New Testament: Mere Teaching Model or First Historical Man?*, trans. Richard B. Gaffin Jr. (Phillipsburg, NJ; P&R, 2012). 『아담의 창조』, 개혁주의신학사

10장 타락

1) Vern S. Poythress, *The Returning King: A Guide to the Book of Revelation* (Phillipsburg, NJ: P&R, 2000), 138-48.

2) V. Philips Long, *The Reign and Rejection of King Saul: A Case for Literary and Theological Coherence* (Atlanta: Scholars Press, 1989), 31-34; Vern S. Poythress, *Interpreting Eden: A Guide to Faithfully Reading and*

Understanding Genesis 1-3 (Wheaton, IL: Crossway, 2019), 128-30. 『천지창조에서 에덴까지』

12장 그리스도의 위격

1) 참조, Phillips Schaff, *The Creeds of Christendom: With a History and Critical Notes* (New York: Harper & Brothers, 1890), 2.62-65. 『신조학』, 기독교문서선교회

13장 선지자와 왕과 제사장이신 그리스도

1) Phillips Schaff, *The Creeds of Christendom: With a History and Critical Notes* (New York: Harper & Brothers, 1890), 3.307 (Heidelberg Catechism, Question 31). 『신조학』; 웨스트민스터 신앙고백 8장 1항; 웨스트민스터 소요리문답 23-26문; 웨스트민스터 대요리문답 42-45.

2) Vern S. Poythress, *Knowing and the Trinity: How Perspectives in Human Knowledge Imitate the Trinity* (Phillipsburg, NJ: P&R, 2018), 15장.

17장 칭의와 성화

1) "칭의(의롭다 하심)란 죄인들에게 거저 주시는 하나님의 은혜 행위인데 하나님이 그들의 모든 죄를 사하시고 자기 목전에 그들을 의로운 자들로 여기시고 받으시는 것이다. 그것은 그들 스스로 할 수 있는 것도 아니고 그들이 행한 어떤 일로 인한 것도 아니나, 오로지 그리스도의 온전한 순종과 완전한 대속을 보시고 그리스도의 의를 저희에게 전가시키고 오직 믿음으로만 받게 되는 것이다"(웨스트민스터 대요리문답 70답).

2) "성화(거룩하게 하심)란 하나님의 은혜의 역사인데 이로 말미암아 거룩하게 하시려고 하나님께서 창세전에 택하신 자들이 때가 되매 강력한 성령의 역사를 통하여 그리스도의 죽음과 부활의 적용을 받게 하신다. 그럼으로 인하여 하나님의 형상을 좇아온 사람이 새롭게 되고 생명에 이르는 회개의 씨와 그 밖에 다른 구원의 은혜들을 그들의 마음속에 두고 그 은혜들이 고무되고 증가되고 강화되어 그들로 하여금 점점 더 죄에 대하여 죽게 하고 새로운 생명에 대하여 살게 하는 것이다"(웨스트민스터 대요리문답 75답).

사명선언문

너희가 흠이 없고 순전하여……세상에서 그들 가운데 빛들로
나타내며 생명의 말씀을 밝혀 _ 빌 2:15-16

1. 생명을 담겠습니다
만드는 책에 주님 주신 생명을 담겠습니다.
그 책으로 복음을 선포하겠습니다.

2. 말씀을 밝히겠습니다
생명의 근본은 말씀입니다.
말씀을 밝혀 성도와 교회의 성장을 돕겠습니다.

3. 빛이 되겠습니다
시대와 영혼의 어두움을 밝혀 주님 앞으로 이끄는
빛이 되는 책을 만들겠습니다.

4. 순전히 행하겠습니다
책을 만들고 전하는 일과 경영하는 일에 부끄러움이 없는
정직함으로 행하겠습니다.

5. 끝까지 전파하겠습니다
모든 사람에게, 땅 끝까지, 주님 오시는 그날까지
복음을 전하는 사명을 다하겠습니다.

서점 안내

광화문점 서울시 종로구 새문안로 69 구세군회관 1층
02)737-2288 / 02)737-4623(F)

강남점 서울시 서초구 신반포로 177 반포쇼핑타운 3동 2층
02)595-1211 / 02)595-3549(F)

구로점 서울시 동작구 시흥대로 602, 3층 302호
02)858-8744 / 02)838-0653(F)

노원점 서울시 노원구 동일로 1366 삼봉빌딩 지하 1층
02)938-7979 / 02)3391-6169(F)

일산점 경기도 고양시 일산서구 중앙로 1391 레이크타운 지하 1층
031)916-8787 / 031)916-8788(F)

의정부점 경기도 의정부시 청사로47번길 12 성산타워 3층
031)845-0600 / 031)852-6930(F)

인터넷서점 www.lifebook.co.kr